Couverture inférieure manquante

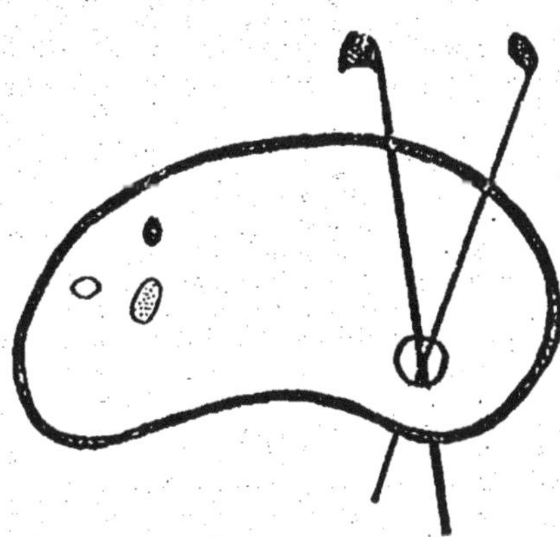

DEBUT D'UNE SERIE DE DOCUMENTS
EN COULEUR

Supérieur général de St Sulpice.

LA VILLE

DE

Saint-Gaultier pendant la Révolution

(1790-1801)

PAR

M. l'abbé GUIDAULT
Curé-doyen de Saint-Gaultier (Indre)
Membre honoraire de la Société des Antiquaires du Centre.

PRIX : 1 FRANC CHEZ L'AUTEUR

CHATEAUROUX
A. MELLOTTÉE, ÉDITEUR
2, RUE GUTENBERG

1903

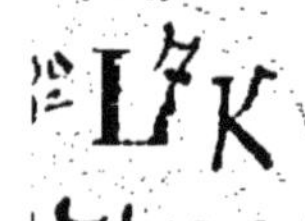

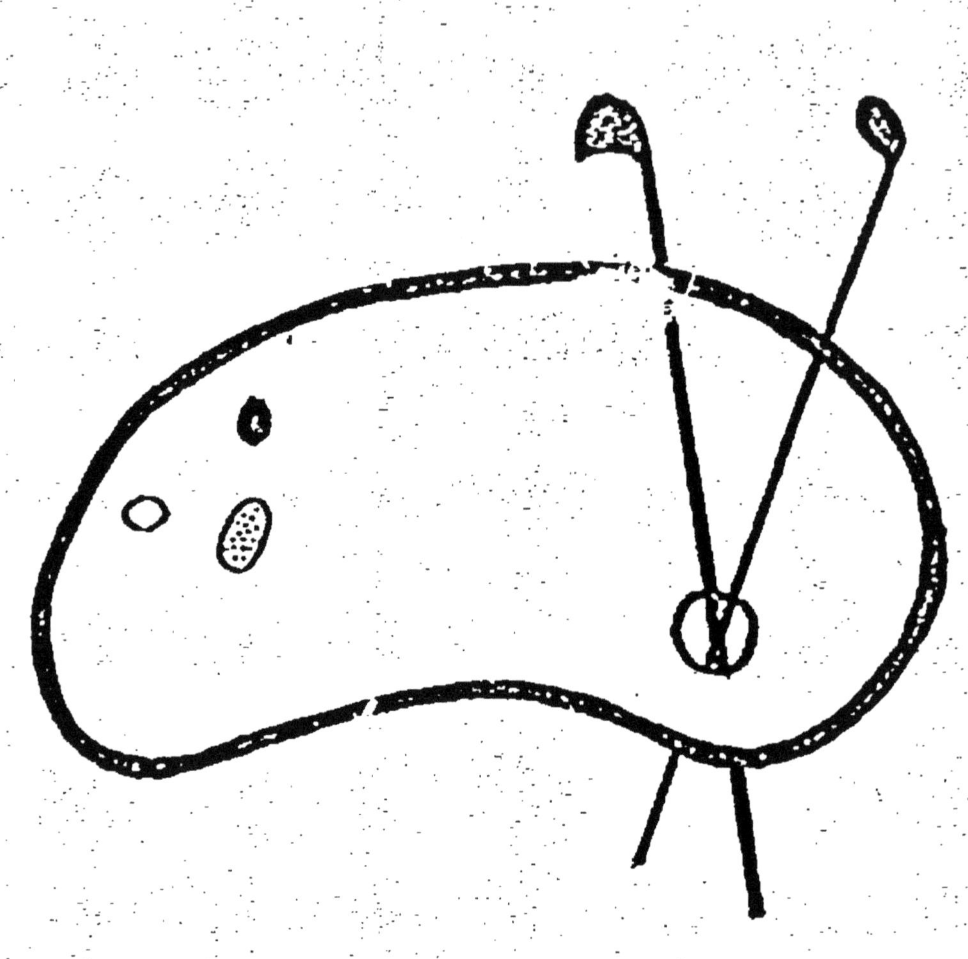

FIN D'UNE SERIE DE DOCUMENTS
EN COULEUR

Hommage de respectueuse et affectueuse reconnaissance de l'auteur

P. Guidault

St Gaultier 25 mai 1903.

LA VILLE

DE

Saint-Gaultier pendant la Révolution

(1790-1801)

DU MÊME AUTEUR

LA LÉPROSERIE DE BOURGES

Une brochure in-8°, 80 pages.

LA VILLE

DE

Saint-Gaultier pendant la Révolution

(1790-1801)

PAR

M. l'abbé GUIDAULT
Curé-doyen de Saint-Gaultier (Indre)
Membre honoraire de la Société des Antiquaires du Centre.

PRIX : 1 FRANC CHEZ L'AUTEUR

CHATEAUROUX
A. MELLOTTÉE, ÉDITEUR
2, RUE GUTENBERG

1903

LA VILLE
DE
Saint-Gaultier pendant la Révolution
(1790-1801)

Par M. l'abbé Guidault,
Curé-doyen de Saint-Gaultier.

COUP D'ŒIL, A LA VEILLE DE LA RÉVOLUTION

Dans ces quelques pages, nous avons voulu consigner des faits qui se sont déroulés il y a plus de cent ans, dans notre petite ville, pendant la dizaine d'années que dura la Révolution.

Ce drame qui fut ailleurs sanglant, revêtit ici un caractère plutôt triste. Bien des passions s'éveillèrent, bien des folies furent commises; mais le crime bestial, le crime guillotineur n'osa montrer sa face répugnante. La famine, l'emprunt forcé, les assignats, les ridicules fêtes décadaires, le culte de la Raison et de l'Être suprême, les grotesques cérémonies des serments, les danses patriotiques devant l'autel de la Patrie, etc., tout cet ensemble d'innovations, fruit d'un paganisme louche, qui avaient pour but de faire oublier à la nation française toutes ses traditions les plus respectables, loin d'entamer le tempérament de cette population fait de calme et de bon sens, ne fit que provoquer le dégoût et la répulsion.

L'esprit jacobin, il est vrai, produisit dans la bourgeoisie un certain élan, un certain enthousiasme; mais ce fut un mouvement de surface qui n'atteignit pas le fond même de la vie publique. Une fois l'orage passé, le bon sens populaire, un moment égaré par l'amour de la nouveauté, se ressaisit vite et l'esprit d'ordre et de jus-

tice reprit une revanche qui fut aussi éclatante que spontanée.

La religion qui, dans les desseins de ses ennemis acharnés, devait rester ensevelie sous les débris de l'ordre social, reprit la place d'honneur à laquelle elle avait droit. M. Metenier, que la prison et l'exil avaient rendu encore plus cher à ses paroissiens, était solennellement réintégré dans ses fonctions saintes.

Ce fut une sorte de résurrection qui remplit de joie tous les cœurs des bons Français. La foi catholique, comme son divin Fondateur, avait subi une sentence de condamnation qui se changea alors en sentence de bénédiction et de réhabilitation. Les souvenirs de cette époque de renaissance, où les églises furent ouvertes au culte, où la voix joyeuse des cloches invitait les fidèles à venir chanter le Te Deum *à l'occasion du Concordat, ce traité de paix, conclu entre Bonaparte et le pape Pie VII, ces souvenirs touchants ne sont pas effacés de la mémoire du peuple. C'est une belle page de notre histoire nationale.*

A la lumière de cette leçon d'histoire, tous les esprits sérieux et réfléchis apprendront que l'on ne foule pas impunément la conscience religieuse de tout un peuple. Tôt ou tard, la liberté violée et méconnue, revendique et reconquiert, par une heureuse réaction, ses droits imprescriptibles, comme un ressort qui se détend tout à coup avec une force proportionnée à la violence qui l'a comprimé.

Nous citerons des noms bien connus dans le pays. Ces noms appartiennent à l'histoire; on ne nous en fera pas un crime. Les faits fâcheux auxquels ils ont été mêlés ne sauraient en rien blesser la jalouse susceptibilité des familles qui les portent si honorablement. Le milieu, les entraînements de la nouveauté si naturels à l'homme, l'inconscience des uns, la sincérité mal éclairée des autres, atténuent la responsabilité de tous dans une mesure considérable.

Il faut ajouter, pour être dans la vérité historique, que

nombre de fils ont tenu à venger les droits de l'Éternelle Vérité méconnus par leurs pères et à réparer de leurs propres mains les brèches faites à l'édifice sacré de la Religion par leurs aïeux.

La journée de la peur.

Comme préambule bien adapté à la gravité des événements qui se préparent, nous reproduisons le récit d'une panique étrange, invraisemblable qui s'empara des habitants de Saint-Gaultier en 1789, le 8-9 juillet, quelques mois après la convocation des États Généraux à Versailles. Ce récit a été fait par Me Arnoux, notaire royal à Saint-Gaultier.

Le vingt-neuf juillet dix-sept cent quatre-vingt-neuf, à sept heures après midy, les habitants de Saint-Gaultier furent avertis par Me Peyrot fils, marchand et de Dlle Pellé son épouse qui arrivaient courant de la ville d'Argenton et dans la minute par MM. les maires et officiers municipaux de la ville d'Argenton, que quatre mille brigands avaient pillé la ville de Blac et du Dorat, qu'ils avaient massacré les habitants, égorgé les femmes et les enfants, brûlé les maisons et les bleds sur pied, qu'ils allaient fondre sur les habitants d'Argenton soit sur ceux de Saint-Gaultier et qu'il était absolument urgent et nécessaire de se met're en garde, de prendre les armes pour se défendre. Plusieurs bladiers qui venaient du marché d'Argenton étaient porteurs de lettres que MM. les maires et officiers municipaux de la ville d'Argenton écrivaient à MM. les Maires et officiers municipaux de la ville du Blanc. Ces lettres n'étant pas cachetées furent lues par plusieurs personnes de Saint-Gaultier qui furent instruites qu'on donnait à la ville du Blanc le même avis qu'on avait reçu ; alors on cria de toutes les parts : aux armes ! aux armes ! On sonna le tocsin, on fit battre la générale dans la ville, l'alarme fut portée au point que chacun s'arma, les uns de fusils, de pistolets ; les autres de fourches de fer et de broches à rôtir, de faux montées à l'envers, en un mot de ce que l'on put trouver pour se défendre ; les uns se plassèrent aux portes de la ville pour en défendre l'entrée, les autres battaient patrouille en dedans et en dehors de la ville, les femmes, les enfants même des hommes sur lesquels on devait compter pour défendre la ville criaient de toutes leurs forces dans les rues ; chacun croyait être à la fin de ses jours.

Le lendemain, trente juillet, à deux heures du matin, des hommes de la ville du Blanc arrivent à Saint-Gaultier ventre à terre et disent que les brigands sont au Blanc et qu'ils avaient pillé la ville haute, massacré les habitants et mis le feu, qu'au moment où ils le disaient, la ville était en cendre.

Cette nouvelle portée par deux hommes qui parlaient *de visu*, fut encore plus effrayante que la première, l'alarme fut plus considérable que celle de la veille, les fidèles citoyens redoublaient d'activité pour défendre leurs familles et leur patrie.

A quatre heures du matin, on envoya à la découverte de nos ennemis M. Lescot de Lamillanderie fils et Burat fils de M. Burat, procureur, avec ordre d'aller jusque dans la ville du Blanc et s'assurer par eux-mêmes de la réalité du fait que l'on avait annoncé.

Durant la mission de ces deux envoyés, convaincus que nous allions être attaqués par les brigands et résolus à verser notre sang jusqu'à la dernière goutte pour défendre nos foyers et notre patrie, ne voulant point avoir pour spectateurs nos femmes et nos enfants qui, au lieu de nous secourir, malgré leur bonne volonté, nous auraient tourmentés par leurs cris et leurs lamentations, chacun prit ses précautions pour mettre sa famille en sûreté.

M. Perussault de Turpin et Me Arnoux, notaire royal à Saint-Gaultier, envoyèrent leurs familles dans les bois et les pourvurent de vivres autant qu'ils purent ; et en continuant de faire leurs exercices pour défendre la Ville, ils s'aperçurent que ces hommes à tout faire fondre quand ils ne voyaient rien, s'étaient retirés les uns à la ville d'Argenton, parce qu'ils la croyaient mieux gardée, les autres dans les bois, tous dans l'intention de se soustraire à la vue de l'ennemi.

A sept heures du matin, la ville de Saint-Gaultier n'était gardée que par quarante-trois habitants, savoir : MM. Louis-Joseph Lescot de Lamillanderie, prévôt ; Etienne-Charles Badou, avocat ; Gabriel Arnoux, notaire royal ; Jean Perussault de Turpin, bourgeois ; Jacques Peyrot-Desgâchons, bourgeois ; Silvain Peyrot-Desroches, bourgeois ; Pierre-Joseph Burat, procureur ; Perussault de la Barauderie, bourgeois ; Pierre-Jean Aucler, procureur ; François Grosset et Jean Clavau, clercs ; Pierre-Jacques Burat-Dubois, contrôleur des actes ; Silvain Matheron, notaire ; Jacques Matheron-Duplessis, chirurgien ; Antoine Peyrot fils, marchand ; Christophe Pascaud, aubergiste ; Etienne Ansau, perruquier ; Pierre Brunet de Pécherau, boucher ; Maurice Chaugne, cabaretier ; François-Usice Lemaire, armurier ; Antoine Testé, taillandier ; Pierre Pascaud, marchand et ses deux enfants ; Silvain Pacton, huillier et ses fils ; Jacques Pacton, huillier ; François Danjot, vigneron ; Jean Perussault, boulanger et ses deux enfants ; Meslaine Naudin, marchand ; Gabriel de Beaufort, marchand ; Pierre Brunet, maréchal ; Pierre Beaubiet le jeune, bourgeois ; François Renaud, cabaretier et ses deux enfants ; Henry Disle, bourgeois ; Martin Bertrand, perruquier ; Georges Guérin, tailleur d'habits ; Nepveu, perruquier ; Simon Pépin, cordonnier.

A onze heures du matin, M. Lescot de Lamillanderie fils et M. Burat fils se rendirent du Blanc et assurèrent qu'il était faux que les brigands eussent attaqué la ville du Blanc. Sur-le-champ M. Perussault de Turpin et M. Arnoux envoyèrent chercher leurs familles et chacun reconnut que le bruit que l'on avait répandu était faux.

Cette alarme a été donnée dans tout le royaume, le même jour et à la même heure sans que l'on ait aperçu aucun brigand.

Il viendra un temps où ces faits seront incroyables.

Cependant ils sont vrais pour s'être passés en ma présence en ce qui concerne la ville de Saint-Gaultier.

Cette panique générale est connue dans les souvenirs populaires sous le nom de *la grande peur*. Le grand historien de la Révolution, Taine, parle (1) de ce mystérieux événement. « Une anxiété sourde, une crainte vague se répand dans les villes et les campagnes : tout d'un coup, sur la fin de juillet, la panique comme un tourbillon de poussière aveuglant roule sur des centaines de lieues. On annonce que les brigands arrivent... A Angoulême, 20.000 hommes se mettent sous les armes pour mettre la ville en défense contre 25.000 bandits !... »

Le notaire de Saint-Gaultier, Me Arnoux, n'a donc dans son récit, rien exagéré ; il parle en témoin exact et fidèle.

JOSEPH METENIER, CURÉ DE SAINT-GAULTIER.

Nous sommes en 1790. Le diocèse de Bourges a à sa tête monseigneur Chastenet de Puységur. Ce prélat ayant refusé le serment est destitué, malgré une lettre de protestation pleine de modération et de grande éloquence, les électeurs du Cher lui donnèrent un successeur dans la personne de Torné.

Tout le chapitre, qui a pour doyen M. de Bengy, donne à son archevêque une adhésion pleine et entière (2).

A Saint-Gaultier, la paroisse a pour pasteur, M. Joseph Metenier et pour vicaire, M. Pierre Godin. Ce dernier était natif de Saint-Gaultier, apparenté aux meilleures familles de la ville.

(1) Taine, *La Révolution*, 1er vol., p. 76.

(2) Le mardi 11 janvier 1791 à l'issue de la grand'messe, trois commissaires et un greffier se sont emparés des clefs de la salle du chapitre et ont mis les scellés sur la sacristie ; les portes de la cathédrale furent fermées et les chanoines dispersés.

M. Metenier était né à Gipey dans l'Allier près de Bourbon. Nous le trouvons vicaire de Saint-Gaultier en 1771 et curé de cette même paroisse en 1783, où il succédait à M. Badou, sulpicien. Il mourut le 30 juin 1833, à Bourges, où il avait été appelé comme chanoine titulaire, laissant une mémoire bénie et vénérée de tous.

Ses qualités rares l'avaient désigné au choix de Mgr de Puységur pour remplir la double charge de curé et de supérieur du collège. Ce n'était pas une sinécure.

Lorsqu'éclata l'orage révolutionnaire, il en mesura promptement la violence et le danger. D'une énergie invincible, il était prêt à soutenir la lutte qui allait s'engager. Voyant avec la clairvoyance de sa foi, dans la Constitution civile du clergé le germe de schisme qu'elle recélait, le curé de Saint-Gaultier prit aussitôt une de ces viriles résolutions qui donnent la mesure d'un homme, celle de tenir tête à l'impiété. Il y fut fidèle jusqu'à la fin. Ni les défections de ses confrères, ni les scandaleux exemples de Torné à Bourges, d'Héraudin à Châteauroux, ni les menaces du pouvoir, ni les flatteuses instances de la municipalité, rien ne put le détourner du chemin du devoir. Il le suivit jusqu'au bout sans imposer jamais à sa conscience la moindre transaction. La destitution, la pauvreté, la prison, l'exil ne firent que grandir son courage en purifiant sa vertu. Tel un roc au milieu de la mer contre lequel les flots viennent briser leur fureur impuissante.

Cet homme de foi doublé d'un homme de tête, fut pendant dix ans, dans notre contrée, l'âme de la résistance de la foi catholique contre les forces coalisées du schisme religieux et de l'athéisme au pouvoir.

Grâce à ce seul homme, grâce au rayonnement de ses héroïques vertus, les précieux germes de l'antique foi conservés au fond des âmes, purent s'épanouir au jour de la délivrance.

ÉLECTION DE LA MUNICIPALITÉ.

L'Assemblée nationale avait prononcé la suppression de tous les anciens corps municipaux et avait aboli tous les droits attachés à certaines terres, droits de nomination ou de présidence. De plus, elle avait décrété que chaque commune serait administrée par un *maire*, assisté d'*officiers municipaux*.

Le 24 février 1790, en exécution de la loi de l'Assemblée nationale du 14 décembre 1789, affichée aux portes de l'église et publiée par le syndic, on procéda à l'élection de la nouvelle municipalité comme le prouve le procès-verbal suivant :

Aujourd'hui dimanche 24 février, mil sept cent quatre-vingt-dix, l'assemblée des citoyens actifs de cette ville et paroisse de Saint-Gaultier, ayant été convoquée par le sindic dimanche dernier et les lettres patentes sur le décret du l'Assemblée nationale du 14 décembre sur la constitution de la municipalité, ensemble les instructions de l'Assemblée nationale sur la formation des nouvelles municipalités ayant été publiées et affichées aux portes de l'Eglise de cette ville et paroisse et autres lieux ordinaires, et ayant été annoncée au prosne que l'assemblée se formerait ce dit jour en l'église paroissiale une heure après midy, qu'à cette fin les vêpres seraient chantées à l'issue de la grand'messe; en effet la cloche ayant sonné et la quaisse ayant passé, se sont lesdits citoyens actifs de cette ville et paroisse réunis en l'église paroissiale et l'appel d'iceux ayant été faite sur le rolle des impositions directes à l'effet de connaître ceux qui avaient le droit d'élire et d'être élus et de savoir le nombre de tous (au nombre de cent)... a arrêté que le scrutin de ceux qui ne sauraient pas écrire serait fait par M. Joseph Metenier, curé de cette paroisse qui a accepté la commission (nom des votants)... lesquels de suite ont procédé à un seul scrutin de liste à la nomination d'un président et d'un secrétaire, et les billets dudit scrutin ayant été mis dans un vase en fayance, le dépouillement d'iceux a été fait par les sieurs Pierre Baulu et Pierre Fauconneau-Dufresne et Pierre Pascaud qui se sont trouvés les plus anciens d'âge et la pluralité relative des voix s'étant trouvée en faveur de M. Joseph Lescot de La Millanderie, conseiller du roi et prévost de cette prévosté, pour président, et de M. Simon Maron, juré priseur au baillage royal de Châteauroux, demeurant en cette ville et citoyen actif (1), comme secrétaire, a été de suite procédé à la nomination de trois scrutateurs et icelui scrutin ayant été fait par liste mise et réunie dans le susdit vase, la pluralité des voix s'est trouvée réunie sur Pérussault de la Barauderie, Peyrot des Roches et Dériběré-Desgardes, qui ont sur-le-champ été proclamés scrutateurs et attendu qu'il est sept heures du soir, mondit sieur le Président a dissous

(1) Pour être citoyen actif il fallait avoir 25 ans, payer une contribution directe équivalente à trois journées de travail (le prix de la journée était de 20 sous) et de plus n'être pas serviteur à gage.

l'assemblée et indiqué la continuation d'icelle demain les neuf heures du matin.

Et ledit jour de demain, lundy vingt-cinq janvier, neuf heures du matin, l'assemblée ayant été de nouveau annoncée au sond (1) de la cloche et du tambour de ville, se sont, lesdits citoyens actifs, réunis dans ladite église et ont, de suite, après lecture du procès-verbal cy dessus, procédé à l'élection du chef du corps municipal maire, et les scrutins ayant été mis dans un vase de fayance et après que mesdits sieurs scrutateurs ont eut fait le récensement des billets et que le nombre s'en est trouvé égal à celui des électeurs, ils ont procédé à l'énumération des voix et la pluralité des voix s'est trouvée en faveur de M. Perussault de la Barauderie, qui a été proclamé maire par mondit sieur Fauconneau-Dufresne syndic en exercice et accepté par mondit sieur Pérussaut et incontinent sans désemparé, a été procédé par la *voix* du scrutin de liste double à l'élection des officiers municipaux et iceux mis et réunis dans le susdit vase, lesdits scrutateurs les ayant compté et dépouillé, se sont trouvé élu à la pluralité des voix; MM. Déribéré-Desgardes, Baubiet de Montusson, Matheron, Perussaut de Turpin, Peyrot-Desroches, qui ont été annoncés et ont accepté et ont été proclamé par mondit sieur Fauconneau sindic en exercice et attendu qu'il est l'heure de midy, mondit sieur le président a annoncé la levée de l'assemblée et continuation d'icelle à 3 heures de relevée.

Et avenue ladite heure et ycelle annoncée par le sond de la cloche et de la quaisse, se sont lesdits citoyens actifs réunis en ladite église paroissiale. MM. le président et les secrétaires étant rendus, a été sur-le-champ procédé à la nomination du procureur de la commune par scrutin individuel, et tous les billets étant réunis dans le vase dont il a été parlé plus haut, les scrutateurs après en avoir fait le dépouillement, ont annoncé que la pluralité des voix est tombée sur M. Fauconneau-Dufresne qui a accepté, ensuite l'assemblée a procédé par un seul scrutin de liste à la nomination de douze notables pour former le Conseil général, et les scrutins réunis dans le vase comme ci-dessus et après que lesdits scrutateurs en eurent fait le dépouillement, ils ont annoncé que sur cinquante voix les sieurs: Silvain Pacton, en réunissait quarante-six; Pierre Sarra, quarante; Jean Pérussaut Bondy, trente-cinq; Antoine Testé, vingt-six; Christophe Pascaud, vingt-sept; François Renaud, Jacques Matheron-Duplessis, Silvain Dalençon, Pierre Brunet, Jean Poitrenaud, François Cailleron, Gabriel Beaufort sont restés définitivement élus et ont accepté, et attendu qu'il est six heures du soir, la séance a été levée par M. le Président qui a annoncé la continuation à demain, les neuf heures du matin, à laquelle heure tous les officiers municipaux, les notables et le procureur de la commune ont été invités par M. le président à se rendre à l'église paroissiale, à l'effet par lesdits officiers municipaux de prêter le serment de

(1) Nous avons, dans le cours de notre travail, respecté l'orthographe et le style de l'époque.

maintenir de tout leur pouvoir la Constitution du royaume, d'être fidèle à la nation, à la loi et au roi;

Et ledit jour de demain, vingt-six janvier, à neuf heures du matin, l'assemblée annoncée au sond de la cloche et du tambour, tous lesdits citoyens actifs étant réunis, ledit sieur Perussaut, maire, ledit Déribéré-Desgardes (tous les autres nommés ci-dessus) ont juré et affirmé en présence de ladite commune de maintenir de tout leur pouvoir la Constitution, d'être fidèles à la nation, à la loy et au roy, de bien remplir leur fonction. Fait clos et arrêté ledit jour. (Signatures des membres du Conseil général.)

L'élection de la nouvelle municipalité fut pour toute la population un événement de la plus haute importance. Le collège qui était activement soutenu par la ville prit part à la joie générale en venant présenter ses chaleureuses félicitations aux nouveaux élus.

En effet quatre jours après nous voyons M. Metenier, curé de la paroisse et supérieur de cette maison, se rendre.

Vers trois heures du soir, accompagné de vingt écoliers faisant partie de toutes les classes en nostre hostel où s'est trouvé le corps municipal auquel mondit sieur Metenier a fait compliment et a témoigné sa satisfaction de l'élection des officiers; ensuite les sieurs Delagrave de Pibaudet et Despertuis de la ville d'Argenton étudiant en rhétorique dudit séminaire sous la discipline de M. Charles Lavillatte, ont prononcé les compliments ci-après transcrits. Le premier par ledit sieur Delagrave.

THÉMIS A APOLLON.

Ode.

Accourez, citoyens, quelle réjouissance
Suspend mes doux accords?
Quel cri tumultueux rompt le profond silence
Qui régnait sur mes bords!

Les applaudissements de la Naïade Creuse
Ont suspendu les flots;
Des ris légers, des jeux, la ligue impétueuse
Fatigue les échos.

Muse, réveillez-vous, entendez ce délire
Qui trouble le vallon.
Armez-vous, vengez-vous par un trait de satire
Et vengez Apollon

Tels étaient les transports de Phébus en colère
Tels ses ressentiments.
Quand Thémis fit entendre à la troupe légère
Ces aimables accents.

Phébus ! point de courroux, vois la paix, la sagesse
Suivre mes étendards;
Vois venir sur mes pas la joie et l'allégresse
Compagnes des beaux-arts.

J'élevais en secret dans mon sanctuaire
Un vrai sage ignoré
Les moments sont venus, il est dépositaire
De ma tranquillité.

Trois fois les citoyens ont mis leur confiance
Dans ses paisibles lois.
Trois fois pour accorder la palme à la prudence
Ils ont uni leurs voix.

Et quand la liberté dans son effervescence
Tendra trop son ressor,
Il saura sans aigreur et sans impatience
Ralentir son essor.

Heureux les citoyens dit le dieu du Parnasse
Que la vertu conduit;
Heureux les citoyens sans brigue et sans souplesse
Qu'un plein accord choisit.

Que la vertu préside aux accords de ma lyre
Qu'elle règle mes chants !
Muses, c'est de vos voix que ce nouvel empire
Demande des accents.

A l'exemple des dieux nous venons rendre hommage
A tes nobles vertus;
Unir nos faibles voix aux accords, aux suffrages
De Thémis, de Phébus.

Digne fils de Thémis, au temple de mémoire
Nous gravons tes faveurs,
Apprends que pour toujours un trophée à ta gloire
S'érige dans nos cœurs.

*
* *

L'autre compliment fut prononcé par le sieur Dupertuis.

L'autre jour séchant sur un thème
Comme un vieux commerçant méditant son barème,
Et maudissant cent fois Horace et Cicéron,
Tite-Live, Perse et Marron,
Je donnais de bon cœur livre à tous les diables,
Et je ne savais plus à quel saint me vouer,
Lorsque j'entends de toute part crier :
Accourez et venez voir le maire et les notables !
Lors, me levant comme en sursaut,
Je laissais seuls Cicéron, Tite, Horace
Et d'un saut
Je descends sur la place
Chacun à l'envie chantait
Et tes louanges chantait.
Point, disait-on, n'est besoin de dire
Qui pour maire l'on vient d'élire ;
On le devine assez, c'est celui dont trois fois
La justice a fait choix.
Tous les dieux de l'Olympe et les dieux du Parnasse
(C'étaient des savants qui parlaient
Et qui bien la fable savaient.)
Lui firent leurs présents ; il reçut la sagesse
De madame Pallas ; Mars ce bon compagnon
Se connaissant un bon luron
En a voulu faire un foudre de guerre ;
Mais Thémis sachant qu'Apollon
Lui fit aussi son don,
Dit qu'il était trop doux pour lancer le tonnerre ;
Qu'elle voulait en faire un magistrat,
Et qu'il donnât
Des lois de paix à la terre.
Sans peine à tous ces traits je connus Pérussaut.
Ah ! C'est lui, dis-je aussitôt !
Qui pourrait le méconnaître ?
Alors je te vois paraître,
O très digne magistrat
Au milieu de ton Sénat,
Tu viens nous rendre visite (1) ;
Aujourd'hui je te la rends.
Je viens pour t'offrir l'encens
Que je dois à ton mérite ;

(1) Le nouveau maire avait sans doute rendu visite à M. Metenier et obtenu une promenade de faveur pour les élèves.

Et je viens en même temps
En qualité de confrère
(Car j'ai l'honneur d'être maire)
Faire nos remerciements
De ce qu'il t'a plu de faire
Pour la gent écolière.

Démêlés au sujet du prieuré.

Comme on le voit par ces procédés empreints de courtoisie réciproque l'harmonie la plus heureuse règne entre la municipalité et le pasteur de la paroisse.

Cette harmonie fut un peu troublée par une saisie opérée avec le consentement du conseil général par Lescot de La Millanderie, procureur de la commune, sur les revenus du prieuré. Le titulaire de ce bénéfice était le supérieur du séminaire de Bourges. Cette saisie était motivée par sa négligence.

Il mettait beaucoup de retard à faire faire des réparations urgentes aux cloches et cela malgré des avertissements réitérés.

Dans la séance du 14 septembre 1790 le procureur expose « qu'il est besoin de faire des réparations aux cloches auxquelles sont tenus messieurs les supérieurs du petit séminaire de Bourges comme titulaires du prieuré; que le délai que ces messieurs mettaient à s'en occuper malgré les avertissements de vive voix et par écrit qui leur en avaient été donnés, faisait présumer qu'ils attendaient quelque événement pour se soustraire à cette obligation aux frais de la réparation et de laisser cela à la charge des habitants; à ces causes, il a requis qu'il plût au Conseil général de l'autoriser à faire faire une saisie des deniers entre les mains des fermiers du prieuré ». Ce qui a été accordé.

Les fermiers du prieuré étaient : Mme Godin et M. Cailleron. Cette dame Godin était la mère de M. l'abbé Godin, vicaire, de Saint-Gaultier.

Nouvelles élections.

Au mois de novembre deux officiers municipaux et six notables ayant donné leur démission, on procède à de nouvelles élections, dans la salle de récréation du collège. Une première fois, sans succès. La seconde fois le scrutin eut lieu à l'église. Trente électeurs seulement se présentèrent. L'élection ne put être définitive que le 21 novembre.

M. Fontaine fut élu maire de Saint-Gaultier, trois jours après le clergé paroissial et MM. les professeurs, vinrent offrir au nouveau maire leurs compliments ; on se permit de faire allusion aux cabales politiques qui avaient marqué les premières élections et cela en style satirique.

La modestie et la délicatesse qui pénètrent et animent les membres de la nouvelle municipalité, leur ont interdit la transcription de ces compliments sur ce registre, par la raison aussi qu'ils contenaient une satire piquante contre les intrigues et les cabales soi-disant pratiquées dans les précédentes élections.

Signé Fontaine, maire.

*
* *

Quelques mois auparavant, M. Pierre Fauconneau-Dufresne avait donné sa démission de procureur par la lettre suivante :

Messieurs les habitants de la ville et paroisse de Saint-Gaultier, m'ayant fait l'honneur de me nommer procureur de la commune, à la nouvelle municipalité de la dite paroisse de Saint-Gaultier que j'ai acceptée pensant que cette place n'exigeait pas une résidence permanente ; mais comme ces messieurs exigent une demeure fixe et que mes affaires ne me le permettent pas, vu que je suis obligé de m'absenter souvent et de passer une partie de l'année à Chitray où j'y possède quelques propriétés et où ma présence est nécessaire, ces raisons m'engagent à prier MM. de la municipalité de Saint-Gaultier à recevoir ma démission de procureur de la commune.

Fait le 5 avril 1790.

Fauconneau-Dufresne.

Son successeur fut Lescot de La Millanderie.

*
* *

Dès les premiers jours de l'année, le 4 janvier 1791, la misère se fait sentir. L'inquiétude croissante avait anéanti le commerce ; le cours ordinaire des affaires était paralysé. La municipalité, poussée par le louable sentiment d'une intelligente prévoyance, demande la création d'un atelier de charité pour les hommes et pour les femmes sans travail et s'occupe de trouver une maison de retraite pour les infirmes et pour les malades.

LE COLLÈGE.

Le lendemain une grosse question fut mise en délibération, celle du maintien du collège dont la suppression avait été décidée par l'État. Le conseil municipal essaya de le sauver en adressant une pétition à l'administration départementale. En voici le texte :

Nous, soussignés, officiers municipaux de la ville de Saint-Gaultier, le procureur de la commune et le conseil général assemblés (1), délibérant tous ensemble, que le collège de cette ville qui subsiste depuis vingt ans au moins et qui se rend recommandable par les bonnes institutions, la bonne conduite et la pureté de mœurs qui y règnent, est la seule ressource qui nous reste pour le débit et la consommation de nos denrées, ainsi que pour la subsistance de plusieurs de nos concitoyens et que pouvant être frappé de suppression, l'abolition de cette maison occasionnerait les plus vives alarmes ; le propriétaire, le cultivateur, les ouvriers, les pauvres, tous en un mot en souffriraient, les pères de famille peu fortunés ne pourraient plus procurer d'instruction ni cette éducation si précieuse à leurs enfants. En conséquence nous avons arrêté qu'il serait présenté un mémoire au département de l'Indre pour la conservation de cette maison en le priant d'être notre médiateur auprès de MM. les députés de l'Assemblée nationale et d'ordonner provisoirement que la somme de dix-sept cent vingt livres qu'il touche sur les revenus de la mense conventuelle et offices claustraux de Fontcombault aux termes de Saint-Jean-Baptiste et de Noël continue de lui être payée par les receveurs du revenu du dit Fontcombault ès mains du principal du collège ainsi que la dite somme de 1.720 livres lui a été régulièrement payée aux deux termes égaux par MM. les supérieur et procureur du grand et petit séminaire de Bourges suivant le règlement fait par M. Phélipeau, ancien archevêque de Bourges, protecteur de cette maison, lequel en réunissant les revenus de Fontcombault au petit séminaire de Bourges (2) en avait distrait la dite somme pour être remise au principal de notre collège tant

(1) Le conseil général se composait du conseil municipal et des notables.

(2) Pendant un certain temps, les sulpiciens avaient la direction du séminaire et de la paroisse de Saint-Gaultier.

pour ses honoraires que pour ceux du sous-principal et des six régents ou professeurs, à la charge de rendre compte de l'emploi à qui appartiendra ; nous avons fait valoir au soutien de notre demande la localité, la salubrité, la bonne et saine nourriture et le prix modique des denrées.

Il a été sur-le-champ expédié mémoire en réclamation signé de MM. Maron, procureur de la commune, Fontaine, maire, Pascaud, Perussault, Peyrot, Plassat, Pacton, officiers municipaux (1).

La pétition municipale reçut bon accueil ; la fermeture du collège fut ajournée. L'ajournement ne dura pas longtemps : nous le verrons plus loin.

Le soin que la municipalité prenait des intérêts du collège ne lui faisait pas oublier ceux de l'église paroissiale.

L'économe du grand séminaire de Bourges, M. Begoügne (2) de la société de Saint-Sulpice, avait demandé la main-levée de la saisie des deniers du prieuré opérée par huissier à la requête du procureur de la commune dans le but de le contraindre à faire faire les réparations du clocher et du chœur de l'Église

Auxquelles MM. les sulpiciens du dit petit séminaire sont tenus et que la ville demande en vain depuis longtemps ; après avoir entendu M. Begogne qui, fort autorisé de quelques décrets de l'Assemblée nationale qu'il a rappelé, de la prétendue nullité de la saisie, de la promesse qu'il faisait de s'occuper dans la belle saison des réparations et de l'offre de consigner en acompte la somme de 600 livres, à cet effet ; les officiers municipaux sont unanimes à dire que les offres de M. Begogne ne sont ni suffisants ni solides ; au moïen de quoi il a été arrêté que la saisie du 17 septembre 1790 tiendrait et aurait son plein et entier effet, à moins que M. Begogne fasse procéder à l'adjudication des réparations.

(1) *Archives municipales de Saint-Gaultier.*

(2) Henri-Antoine Begoügne, de la société de Saint-Sulpice, originaire du diocèse de Limoges, docteur en droit et en théologie.

Le prieuré de Saint-Gaultier dont les sulpiciens du séminaire de Bourges étaient les décimateurs, leur valut bien des ennuis. Par le manuscrit de M. Renaudet on apprend que M. Fayot, procureur de l'établissement, s'y donna des peines incroyables. Il allait à cheval de Bourges à Saint-Gaultier en un jour, sans prendre d'autre nourriture qu'un morceau de pain et une gousse d'ail qu'il emportait dans sa poche.

Les serments.

La Révolution avançait à grands pas dans la voie de la violence et de la persécution. La religion catholique était l'ennemie; contre elle, le pouvoir va concentrer tous ses efforts. Le 25 mai 1790, commençait à l'Assemblée nationale la discussion de la Constitution civile du clergé ; le 12 juillet, elle était votée. Le 27 novembre, Mirabeau faisait adopter un décret destituant tous les évêques et curés qui n'auraient pas, dans la huitaine, adhéré à cette Constitution.

En province, les ecclésiastiques reçurent l'ordre de prêter serment dans les mois qui suivirent, en décembre et en janvier 1791.

Beaucoup refusèrent ; ce fut le plus grand nombre. Leur refus était motivé par le caractère schismatique de plusieurs articles de cette Constitution, particulièrement, les articles du titre II qui défendaient aux évêques de demander au pape l'institution canonique.

Ceux qui se soumirent formèrent le clergé constitutionnel. Dans le Berry, leur nombre fut malheureusement considérable.

Dans toute la France, environ vingt mille prêtres sur soixante-dix mille prêtèrent le serment schismatique ; quatre évêques sur cent trente-huit (1).

Le clergé de Saint-Gaultier reçut ordre de se soumettre à la loi dans les premiers jours de l'année 1791. Ce qui se fit dans la séance du 10 janvier.

Le 10 janvier mil sept cent quatre-vingt-onze, dit le procès-verbal, sur les quatre heures et demi de l'après midy, notre assemblée continuant audit bureau municipal, tous les officiers présents et le procureur de la commune requérant : M. Joseph Metenier, curé de cette ville et paroisse de Saint-Gaultier, et supérieur du collège de cette ville, s'est présenté devant nous susdits et soussignés, lequel nous a exposé qu'ayant appris et vu dans différents papiers publiés que messieurs les curés et tous autres ecclésiastiques sans aucune distinction ou exception étaient tenus par le décret de l'Assemblée nationale, lesquels ne nous sont pas encore parve-

(1) Taine, *Les origines de la France contemporaine*. I, p. 237.

nus, de prêter tous en particulier et séparément leur serment civique, que lui désirait se conformer au vœu général et donner des preuves empressées de son zèle et de son patriotisme, il nous a requis de recevoir son serment conçu dans les termes suivants : « Inviolablement attaché à la loi divine qui est la règle nécessaire de la conduite de tout chrétien, j'adhère de tout mon âme à tout ce qu'elle commande dans son principe comme dans ses conséquences, et je regrette même au péril de ma vie tout ce qu'elle défend ; ce n'est qu'après ces sentiments que je jure d'être fidèle à la nation, à la loi et au roy, de veiller au troupeau qui m'a été confié et de maintenir de tout mon pouvoir la Constitution décrétée par l'Assemblée nationale, sanctionnée et acceptée par le roy.

Signé : METENIER,
Prêtre, curé de Saint-Gaultier et supérieur du collège dudit lieu.

Lequel dit serment nous avons reçu conditionnellement à telle fin que de raison, sans entendre contrevenir à rien ni pour rien à la forme et aux conditions qui pourront être prises par les décrets à intervenir de l'Assemblée nationale, sanctionnés par le roy ; dont etc. (1).

Signé : FONTAINE, maire, etc.

Et à l'instant sont comparus MM. Pierre Godin, vicaire ; Jean Gonichon, prêtre professeur de seconde ; Jacques Konce (2), diacre, professeur de quatrième ; Pierre Robin, professeur de cinquième, lesquels nous ont requis de leur donner communication du serment qui a été prêté par M. le curé ; ce que nous leur avons octroyé et ont dit qu'en y adhérant dans tout son contenu, ils ont juré individuellement et séparément (suit le serment dans les mêmes termes que celui de M. Metenier).

Signé : GODIN, GONICHON, KONCE, ROBIN.

Il est à remarquer que M. Metenier fit un serment avec restriction. Le curé de Saint-Gaultier, fort de sa conscience et du bel exemple de son archevêque, résista à tous les calculs de ses intérêts temporels. Il savait fort bien que sa destitution serait, tôt ou tard, la punition de sa courageuse attitude. Son exemple fut imité par son vicaire et les trois professeurs sus-nommés. Que vont faire les autres professeurs ? Le procès-verbal suivant va nous le dire.

(1) M. Caillaud fait erreur de date en disant (p. 383) : que M. Metenier prêta son serment le 21 mars ; ce fut le 10 janvier comme nous le voyons par le procès-verbal.

(2) Konce se retira à Paulnay et en fut élu maire en 1794. Dénoncé par l'ancien curé de cette paroisse, Duplaix, comme ayant refusé le serment constitutionnel, il fut acquitté par le tribunal révolutionnaire de Châteauroux, grâce à M. Metenier qui, alors prisonnier, affirma que M. Konce avait donné sa démission de professeur, avant la prestation des serments.

Vers six heures du soir, est comparu M. Jean Raffin, professeur de rhétorique, nous a requis de recevoir son serment qu'il a prêté en ces termes :

« Je jure d'être fidèle à la nation, à la loi et au roy, de maintenir de tout mon pouvoir, la Constitution et de me conformer pour l'éducation de la jeunesse aux règlements de l'Assemblée nationale, décrétés et sanctionnés par le roy.

» Signé : RAFFIN. »

Vers six heures et demie du soir est comparu M. Christophe, Michel Pascaud, sous-diacre, professeur de sixième et de septième au collège, qui nous a requis de recevoir son serment, lequel serment, après avoir mis la main *ad pectus ad hoc* et l'avoir levée en notre présence, il a prononcé et fait écrire en ces termes :

« Je jure d'être fidèle à la nation, à la loi et au roy, de maintenir de tout mon pouvoir la Constitution et de me conformer pour l'éducation de la jeunesse, etc. (comme ci-dessus).

» Signé : PASCAUD, sous-diacre. »

Comme on le voit, une scission se produisit dans le corps professoral : MM. Raffin et Pascaud se séparent nettement de leurs confrères en prêtant un serment sans restriction et par conséquent, schismatique.

Un mois à peine s'était écoulé ; la municipalité, pour exécuter un nouveau décret de l'assemblée nationale, invitait les ecclésiastiques de la ville à renouveler leur serment civique. Ces messieurs se soumirent docilement :

Le onze février, MM. Joseph Metenier, Pierre Godin, Jean Raffin, Michel Pascaud, ont déclaré qu'en exécution d'un décret de l'Assemblée nationale affiché et publié le 2 février mercredi, jour de la Purification, à l'issue de la messe paroissiale, relativement au serment civique des ecclésiastiques, ils étaient dans l'intention de renouveler si c'était nécessaire, le serment qu'ils avaient déjà donné, le dix janvier, que néanmoins ils désiraient conférer avec M. le maire sur certains objets et convenir ensemble du jour de cette cérémonie et que l'indisposition dont il est présentement *provoqué* (*sic*) ne lui permettra pas peut-être de pouvoir de suite s'en occuper ; en effet sur la conférence tenue avec le maire, il a répondu que sa santé ne lui permettait pas de se livrer à aucune occupation, qu'au surplus, il lui était revenu qu'un bruit sourd répandait que des esprits turbulents et inquiets menaçaient d'insurrection si les choses n'allaient pas à leur gré ; qu'il était donc prudent, dans les circonstances, de surseoir la cérémonie de ce serment, jusqu'au dimanche 20 du courant, et que pendant cet intervalle, l'on calmerait les esprits.

Signé : METENIER, GODIN, RAFFIN, PASCAUD.

Il ressort de ce document que, dans l'opinion publique, régnait une certaine agitation causée par le serment avec restriction du pasteur de la paroisse. Les plus turbulents des habitants, grisés par les idées nouvelles, voulaient contraindre le clergé à une soumission sans réserve. Il fut convenu par prudence de retarder la cérémonie du serment. Dans cet intervalle, les ecclésiastiques manifestent une grande perplexité. Le 18 février, MM. Metenier, Godin et Raffin croient prudent d'aller à la mairie et de déclarer par écrit leur intention de se soumettre à la loi. Les professeurs de troisième de quatrième et de seconde et de cinquième, pour éviter tout ennui, donnèrent leur démission.

Nouvelle prestation de serment.

On attendait avec anxiété la journée du dimanche. Tout le monde se demandait ce qui allait se passer, quelle attitude allait tenir le pasteur de la paroisse. On connaissait sa foi invincible et sa droiture parfaite ; personne n'ignorait que sa destitution était inévitable s'il persévérait dans sa première résolution.

L'église était comble ; toute la municipalité, le maire, le procureur de la commune sont là, revêtus de leurs écharpes pour recevoir les serments.

Le dimanche, 20 février 1791, à l'issue de la grand'messe célébrée par M. Jean Raffin, à laquelle assistaient messieurs les professeurs des autres classes, M. le curé et son vicaire.

Revêtus de nos écharpes, nous, maire et officiers municipaux et notables composant le Conseil général de la commune assemblés en l'église paroissiale et réunis à la majeure partie des fidèles de cette paroisse, ouï le procureur en son réquisitoire, après lecture faite du décret de l'Assemblée nationale du 27 novembre dernier, sanctionné par le roy le 26 décembre dernier relatif au serment à prêter par les évêques, ci-devant archevêques, curés et autres fonctionnaires publics et de la loi du 26 janvier relative à la Constitution civile du clergé, s'est présenté en chaire M. Joseph Metenier, curé de cette paroisse et supérieur du collège lequel a dit :

Invinciblement attaché à la loi divine qui est la règle nécessaire de la conduite de tout vrai chrétien, j'adhère de toute mon âme à tout ce qu'elle commande et je rejette même au péril de ma vie tout ce qu'elle défend, ce n'est qu'après ce sentiment que je jure d'être fidèle à la nation, etc. (comme ci-dessus).

Signé : METENIER.

Comme on le voit, M. Metenier fut inébranlable dans sa résolution. Ce second serment est identique au premier, avec restriction.

M. Godin, vicaire, succède au curé :

A l'instant s'est présenté à la porte du chœur, sous le crucifix (1), M. Pierre Godin, vicaire, lequel a dit :

« Dans tout ce qui n'est pas contraire à la loi de Dieu et à la religion catholique, apostolique et romaine, je jure de remplir mes fonctions, d'être fidèle à la nation, à la loi et au roy et de maintenir de tout mon pouvoir la Constitution décrétée par l'Assemblée nationale.

» Signé : GODIN. »

Et de suite, dans le même endroit, s'est présenté M. Jean Raffin, professeur de rhétorique, qui a dit :

« D'après les informations des comités réunis de l'Assemblée nationale qui déclare authentiquement qu'elle ne prétend point s'arroger un droit qu'elle n'a pas, persuadé, en mon particulier, que, jusqu'ici, elle n'a porté aucune atteinte à la religion catholique et le présent et le passé m'étant un sûr garant de l'avenir, pour satisfaire à l'obligation qu'elle m'impose, je jure en mon âme et conscience, d'être fidèle à la nation, à la loi et au roy et de maintenir la Constitution décrétée par l'Assemblée nationale.

» Signé : RAFFIN. »

Et aussi de suite s'est présenté, au même endroit, sous le crucifix, M. Michel Pascaud sous-diacre, professeur, qui a dit :

D'après la promesse de l'Assemblée nationale consignée dans la loi dont lecture vient d'être faite, qui dit ne vouloir, en rien, toucher à ce qui regarde la religion catholique, apostolique et romaine et la foi, je jure de remplir avec soin les fonctions qui me sont confiées et d'être fidèle... etc.

Signé : PASCAUD.

Les autres professeurs ne se sont pas présentés, s'étant démis de leurs fonctions le 18 de ce mois.

Signature du maire et des conseillers.

(1) Il nous paraît probable que ce crucifix est le même que celui qui y est encore.

M. Raffin et M. Pascaud se séparent de nouveau de M. Metenier et de son vicaire. Leur serment est une adhésion sans restriction à la constitution schismatique. Les termes dont ils enveloppent leur pensée, révèlent la perplexité de leur conscience. On devine leur embarras à faire accorder leur foi avec les calculs de l'ambition ou les émotions de la peur.

Il est facile de se représenter l'agitation qui s'empara de l'opinion publique, les bruits qui coururent, les commentaires dont furent l'objet ces différents serments du clergé. Tout le monde savait ce qui venait de se passer à Châteauroux, l'élection d'Héraudin, ancien curé de Chaillac, à l'évêché de l'Indre (1). On s'attendait, à Saint-Gaultier, à voir M. Metenier destitué bientôt et remplacé. On devine quelle tristesse poignante devait serrer le cœur des bons paroissiens. Nous verrons les conséquences de cette mémorable journée. En attendant, suivons le cours des événements par ordre chronologique.

MESURES DE POLICE.

La municipalité s'occupe avec activité de tous les intérêts de la commune. Le dix-neuf décembre mil sept cent quatre-vingt-dix, le maire et les officiers municipaux prennent un arrêté dans le but d'entretenir la propreté dans la ville :

En faisant inviter au son de la caisse leurs concitoyens de faire soigneusement balayer les rues, enlever les fumiers et les boues pour être transportés hors la ville et les fauxbourgs, de ni laisser arrêter ni promener les cochons et autres animaux immondes, de ni griller ni faire griller les cochons destinés au charnier ou être exposés en vente, à cause des étincelles de paille et chénevottes qui pourraient occasionner quelque incendie ; *item*, faire ramoner les cheminées.

(1) En créant un évêché par département, l'Assemblée nationale avait bouleversé beaucoup de diocèses. Celui de l'Indre eut son évêque à Châteauroux, au grand déplaisir des habitants d'Issoudun qui avaient fait des démarches pour le posséder. Ce fut Héraudin, curé assermenté de Chaillac qui fut élu, après trois jours de scrutin, par 188 voix sur 237 votants. Il avait 69 ans. Il reçut l'institution de Talleyrand, évêque d'Autun et fut sacré par Gobel, évêque de Paris. Il avait été vicaire du Blanc, sa ville natale, curé de Saint-Civran, de Chazelet, de Valençay, puis de Chaillac en 1768. Son rôle fut aussi effacé qu'éphémère.

(Voir le travail de M. Hubert, le savant archiviste de l'Indre.)

(*Revue du Centre*, avril 1885.)

*
* *

Quelques semaines après, le Conseil municipal eut à s'occuper de la foire du Pont-Chrétien que la ville d'Argenton convoitait. Dans une longue délibération elle fait une opposition absolue aux prétentions de sa rivale et « conclut par des moïens connus et solides que la demande d'Argenton est ambitieuse et préjudiciable au bien et au commerce en général ; que cette foire si renommée par son ancien établissement et sa localité, par l'étendue de son commerce en tout genre, profitable aux villes et cantons circonvoisins par la consommation des denrées et comestibles, deviendrait à Argenton une foire commune et ordinaire, que cette ville ne serait pas seule suffisante pour loger et auberger les voyageurs. Qu'enfin la ville de Saint-Gaultier, ayant pour elle la localité, serait mieux fondée à réclamer la translation de cette foire en son sein ; mais qu'en connaissant les inconvénients, elle sait sacrifier ses intérêts propres aux biens généraux.

» Mémoire de ces dires vient d'être expédié au département et signé de MM. Maron, procureur et Fontaine, maire, et par les officiers municipaux ».

L'HOPITAL.

Le surlendemain, 6 janvier 1791, le Conseil municipal s'occupe de l'hôpital. Cet établissement charitable était situé au coin du champ de foire actuel (1). Il n'était pas bien considérable. M. Desroches en était le receveur et Mme Godin la fermière. Le 6 janvier 1791, la municipalité invite le receveur à présenter ses comptes :

Ce requérant, disent les Archives, le Conseil général assemblé et le procureur de la Commune délibérant avec nous sur le besoin des malades pauvres et infirmes de cette ville, et désirant malgré l'impulsion de leur cœur pour le soulagement de l'humanité, ne pas excéder la force des se-

(1) L'emplacement est occupé par la maison Guilloiseau. Les biens appartenant à cet hôpital furent estimés 8.627 fr., lorsqu'ils furent vendus par la nation.
La maison était composée de plusieurs chambres au rez-de-chaussée et d'une chapelle, avec jardin et vignes devant.

cours à donner, il convient de connaître et de s'assurer de la situation de la caisse du receveur de l'hôpital et hôtel Dieu, de voir aussi l'état et la nature des recettes et si elles ne sont pas arriérées de la part de redevables, que pour y parvenir, il est à propos de demander au receveur la représentation des titres et un compte général.

Qu'il est pareillement nécessaire d'arrêter d'après l'examen convenable, les comptes du receveur de la Fabrique et de ceux de la Confrairie (1). Ce qui a été accepté et arrêté; pourquoi il a été sur-le-champ expédié, mémoire.

LE COLLÈGE.

La question du collège inquiétait l'opinion publique. Déjà, le cinq janvier comme nous l'avons vu, la municipalité avait adressé une pétition à l'administration départementale pour obtenir son maintien. Le quatorze du même mois, elle renouvelle ses instances en ces termes :

Aujourd'hui, quatorze janvier mil sept cent quatre-vingt-onze, nous officiers municipaux délibérant sur l'importance de conserver en cette ville le collège qui ayant été établi depuis vingt ans et dont le mobilier a été fourni en majeure partie par les habitants de cette ville, il a été arrêté qu'outre le mémoire adressé au département sur délibération à cet effet du cinq de ce mois, il serait envoyé un *placet* à l'Assemblée nationale pour la supplier de décréter la permanence de l'établissement de ce collège si utile au canton et aux communes environnantes, en lui continuant les 1720 l. payés jusqu'à ce jour par MM. les Sulpiciens du petit séminaire de Bourges sur les revenus de la mense conventuelle et offices claustraux de Fontcombault ou autres dépendances de ce séminaire suivant le règlement fait par M. Phelippeaux ci-devant archevêque de Bourges, protecteur dudit collège, pour honoraires du principal, du sous-principal et des six régents ou professeurs (2).

*
* *

Le bon esprit qui animait les officiers municipaux se mani-

(1) Il s'agit de la confrérie du Saint-Sacrement : un service pour tous les confrères défunts était célébré le lendemain de l'octave du Saint-Sacrement.

Le trésorier donnait pour ce service 2 liv. 10 sols.

(2) Dans le registre des rentes de l'église de Saint-Gaultier nous relevons la note suivante : « Conformément au décret de réunion du prieuré de Saint-Gaultier » au petit séminaire de Bourges du 30 juillet 1734, ledit petit séminaire est obligé » de faire dire tous les lundis de chaque semaine une messe basse de fondation en » l'église de Saint-Gaultier.

» C'est M. le vicaire qui est chargé d'acquitter cette fondation. »

feste dans le soin qu'ils mettent à faire respecter les offices religieux.

Le vingt et un février 1791, à l'époque même où le gouvernement sapait la base de l'édifice catholique, à Saint-Gaultier, l'autorité civile :

Ordonne qu'il soit fait une visite tant pendant les vêpres célébrées dans l'église de cette paroisse, que sur les onze heures du soir, ayant été témoins des buvettes qui se faisaient pendant l'office divin et à des heures indues, nous officiers, avons fait afficher une ordonnance de police portant défense à tout aubergiste, cabaretiers, bouchonniers, et autres personnes vendant vin et après dix heures du soir, si ce n'est seulement à des voyageurs ou à des personnes étrangères arrivant, ni de tenir jeux en aucun temps dans des maisons publiques et de tout à peine de six livres d'amande.

Signé : FONTAINE, maire.

SCANDALE PUNI.

Ce respect pour la religion, ce zèle pour le bon ordre, le soin que les membres de la municipalité mettent à éloigner les causes de trouble, se révèlent dans un fait qui est raconté tout au long dans le registre des délibérations.

Il est digne d'être signalé à l'attention des lecteurs. Au point de vue historique, il a son importance, car il reflète fidèlement l'état d'âme de la société de cette époque, à la veille de la terrible catastrophe qui devait la bouleverser de fond en comble.

Le 25 mars 1791, le procureur de la commune fait condamner :

Le nommé René Ferrandière, domestique du bourg de Thenay, qui est venu à l'église, en état d'ivresse, pendant le chant des complies et qui a vomi à l'entrée de la chapelle de saint André, proche du chœur, au grand scandale des fidèles et des ecclésiastiques, ce fut un manque de respect à Dieu... Je requiers que le nommé Ferrandière soit condamné de faire amende honorable un jour de fête ou de dimanche devant le Saint-Sacrement de l'autel pendant les vêpres et bénédictions, tenant en main un cierge de cire vierge du poids d'une livre et qu'il soit en outre condamné à telle *amande* qu'il vous plaira fixer avec défense de récidiver sous plus grande peine et que votre jugement soit publié et affiché, ce même jour, à l'issue de la messe ou des vêpres, tant à la porte de cette paroisse qu'à celle de Thenay, pour éviter à l'avenir pareil scandale, le tout à ses frais.

L'ivrogne essaya de se défendre en prétextant une souffrance d'estomac. Le juge de paix le condamne en ces termes :

Tout considéré, nous avons condamné Ferrandière à faire brûler devant l'autel de saint André, le 21 du mois prochain, un cierge de cire blanche d'une livre et de plus qu'il ira dire sept pater et sept avé, ce jourd'hui, devant le Saint-Sacrement et qu'enfin il se présentera devant M. le curé et le priera d'oublier son irrévérence ; lui prescrivons à l'avenir d'être plus circonspect.

Cette sentence dont tous les termes ont été dictés par le sentiment religieux le plus pur, n'est-elle pas une protestation contre les projets de l'impiété révolutionnaire et cela au moment où, ailleurs, tous les fonctionnaires prêtaient leur concours à leur réalisation? Elle fait grand honneur au Juge de paix qui l'a prononcée et au procureur, Maron, qui l'a réclamée.

⁂

Nos édiles manifestent leur hostilité contre l'ancien régime en supprimant l'antique cachet de la commune qui portait pour empreinte :

Une couronne de ci-devant comte, un évêque ou abbé crossé et mitré et pour légende, ces mots : *La ville roïale de Saint-Gaultier;* et pour support, des étendards et drapeaux ; d'autant qu'il est, au surplus, d'une largeur exorbitante et qu'à ce moïen, il consomme beaucoup de cire, nous avons arrêté que ce cachet, n'étant pas conforme à la Constitution, il serait supprimé et déposé tel à notre secrétariat. Sur l'exposé de M. Fontaine, maire, qu'il pourrait en faire faire un autre avec ces mots : *La loi, le Roy,* avec une couronne de chêne ; en conséquence, nous l'avons prié de faire l'acquisition de ce cachet.

Fait à Saint-Gaultier, 28 mars 1791.

DESTITUTION DE M. METENIER.

Trois semaines se sont écoulées depuis la cérémonie des serments. Le procureur transmit à l'autorité supérieure le procès-verbal de la séance du 20 février. Le serment de M. Metenier et celui de M. Godin sont déclarés nuls comme entachés de restriction, La conséquence était la destitution du curé et du vicaire. Le Conseil municipal, convoqué par le maire dans cette grave circonstance, se réunit le 10 avril et prit une délibération dans les termes suivants :

Aujourd'hui, 10 avril 1791, sur les onze heures du matin, nous officiers de la municipalité, le procureur, le requérant, voyant avec douleur que toutes nos démarches et nos sollicitations réitérées ne pouvaient vaincre l'opinion de M. Metenier, curé de cette paroisse et supérieur du collège, l'assemblée électorale en exécution de la loi du 26 septembre, se disposait à procéder à son remplacement faute par lui de prêter le serment civique dans la forme prescrite par les décrets, notamment celui du 8 juillet, il était de la plus grande importance pour notre ville et notre collège d'avoir un homme de tête, capable, instruit et d'un caractère liant ; et réfléchissant sur ce point essentiel, nous avons tous reconnu que M. Saugé, curé actuel de Vendœuvres, qui, au surplus, avait déjà fréquenté cette maison, convenait le mieux à cette place ; en conséquence il a été arrêté d'une voix unanime, que copie de la délibération présente serait sur le champ envoïée au directoire du district(1) ; et que M. l'évêque de l'Indre que nous regardons comme notre médiateur et notre soutien, serait supplié conjointement avec MM. les électeurs, de seconder nos vœux en nommant M. Saugé de Vendœuvres, pour remplacer M. Metenier, sauf à nous de députer de nos concitoïens, auprès de lui pour le déterminer à accepter sa nomination ; et dans le cas où M. Saugé se refuserait à accepter cette place, nous prions MM. les électeurs de vouloir bien le suppléer par la nomination de M. Charron curé de Saint-Août, ci-devant vicaire de Saint-Gaultier et économe de la maison, à la satisfaction publique, ou bien encore M. Maréchal Boiscoutaud, curé de Tendu, dont la capacité nous est connue.

Suivent les signatures.

Tout en se soumettant à la loi, la municipalité de Saint-Gaultier faisait des vœux ardents pour sauver M. Metenier et le garder comme curé. L'anxiété était vive. Le pasteur aimait son troupeau autant qu'il en était aimé. On tenta un suprême effort en sa faveur. Une pétition fut adressée au directoire du département pour obtenir son intervention. Cette pétition est conçue dans les termes les plus touchants.

En voici la copie :

Une douce et sage administration suivie depuis vingt ans avec le même zèle et la même affection par M. Metenier, curé de Saint-Gauthier et supérieur du collège, lui a mérité le suffrage et l'attachement de tous

(1) Ce fut le directoire du district d'Argenton qui prononça la nullité du serment de M. Metenier.

les habitants de cette paroisse. Son attention, ses soins infatigables, ses secours pécuniaires qu'il n'a cessé d'exercer envers les pauvres, captivent également leur juste reconnaissance. C'est avec la plus vive douleur que nous nous voyons sur le point de perdre un si bon et précieux pasteur.

Si à l'instar de plusieurs départements, vous daignez, messieurs, considerer d'un œil moins sévère que le directoire du district, le serment dont copie est ci-jointe, qu'il a prêté le 20 février. Le préambule qui contient ce serment dans lequel il persiste, ne peut partir que d'une conscience timide et trop alarmée sans doute par tous les écrits incendiaires qui ont infesté les différentes provinces de cet empire ; nous ne pouvons penser qu'un esprit réfractaire à la loi en fait le motif ; sa circonspection dans sa conduite et dans sa conversation nous sont un sûr garant de son respect pour les décrets de l'Assemblée nationale ; nous vous prions instamment, messieurs, de vouloir bien seconder nos vœux et nous conserver ce pasteur bien aimé et essentiel à notre parroisse : Vous nous fixerez à la plus vive reconnaissance.

Nous sommes très respectueusement vos très humbles serviteurs.

⁂

Tout fut inutile ; d'une part M. Metenier ne voulut rien changer à son serment ; de l'autre, l'administration départementale ne voulut écouter ni le langage de la raison ni celui du cœur. Le 4 avril on lui notifia la décision par laquelle on le destituait définitivement.

L'élection de son successeur se fit attendre six semaines, pendant lesquelles, il est à supposer, il exerça le saint ministère à titre provisoire.

Ce fut à Argenton, le 22 mai, que son successeur fut élu par l'assemblée électorale du district. L'élection se fit dans l'église paroissiale de Saint-Sauveur. Ce fut un prêtre de la Creuse qui fut choisi comme curé de Saint-Gaultier, M. Volondat.

Le 5 juin, le nouveau curé était officiellement installé comme en fait foi le procès-verbal suivant :

Aujourd'hui dimanche, 5 juin 1791, dans l'église Saint-Gaultier de la ville du même nom avant la messe paroissiale, est comparu devant nous, maire et officiers municipaux de la dite ville, du peuple de la dite paroisse et du clergé appelé et assemblé, présent le Conseil général, M. Joseph Volondat, prêtre, lequel en exécution du procès-verbal de l'élection faite de sa personne en assemblée électorale pour curé de la dite ville le 22 du mois de mai dernier, dans l'église de Saint-Sauveur d'Argenton, du visa à lui donné par M. l'évêque du département de l'Indre le 24 dudit mois, signé de lui, de ses vicaires et secrétaires et aussi en exécution de l'art. 38 du décret de la Constitution civile du clergé du 12 juillet dernier pour se conformer au dit décret : « Je jure d'être fidèle à la nation, à la loi, au roi, de veiller avec soin sur les fidèles de la paroisse qui lui sera confiée et de maintenir de tout son pouvoir la Constitution, de tout quoi le dit sieur Volondat nous a requis acte que nous lui avons octroïé pour lui servir et valoir de prise de possession de la susdite cure, en conformité de l'art. 39 dudit décret et lequel a été inscrit sur un registre à ce destiné et exprès, le présent pour rester en sa dite église de Saint-Gaultier et a, le sieur Volondat, signé, avec nous et notre sécrétaire greffier :

» Signé, VOLONDAT, FONTAINE, maire; TARDIF, juge de paix; BERTRAND, secrétaire, etc... »

M. VOLONDAT, CURÉ INTRUS.

Quel était ce monsieur Volondat? Pourquoi le choix des électeurs s'est-il porté sur lui? puisqu'il n'appartenait pas au diocèse de Bourges, il semble que son origine eût dû suffire pour exclure sa candidature.

Joseph Volondat était un prêtre du diocèse de Limoges. Né à la Souterraine le 2 juin 1752, il fit ses études au collège de Limoges et entra au grand Séminaire en 1773. Ordonné prêtre en 1776, il fut envoyé comme professeur au collège de Magnac-Laval où il resta jusqu'en 1783. Il vint alors à la Souterraine sa ville natale, comme vicaire; c'est là qu'il était lorsqu'il fut élu curé de Saint-Gaultier, le 22 mai 1791.

Il est à croire que, vu la petite distance qui sépare la Souterraine d'Argenton, M. Volondat n'était pas un étranger ni pour les habitants de cette dernière ville ni pour ceux de Saint-Gaultier. De plus, comme professeur de rhétorique, à Magnac, il avait pu avoir pour élèves des jeunes gens de ces deux paroisses. Aux yeux des électeurs, l'ancien professeur de belles lettres devait avoir les aptitudes nécessaires pour diriger le collège de Saint-Gaultier.

Homme instruit et de bonnes mœurs, dit M. Caillaud (1), M. Volondat

(1) Voir le livre *Martyrs de Bourges*, de M. l'abbé Caillaud, vicaire général de Bourges, p. 183.

séduit par l'ambition, avait prêté serment à la Constitution civile du clergé.

Le voilà curé de Saint-Gaultier, à l'âge de 39 ans, par la grâce des électeurs d'Argenton. Les conjonctures étaient fort compliquées, comme on va le voir.

M. Metenier dénoncé.

Entouré de l'estime générale, M. Metenier résolut de demeurer au milieu de son troupeau. Il se retira chez Mme Godin, la mère de son vicaire, et, fort de son droit et de sa conscience, il continua de remplir les fonctions curiales, de célébrer la sainte messe à l'église paroissiale. Il semble bien que le nouveau curé se montra plein d'égards pour lui. Mais bientôt la paroisse fut divisée en deux. La situation était des plus délicates. Tout ce que la ville comptait de bien, était avec l'ancien curé. On allait à sa messe de préférence. Beaucoup ne voulaient pas se confesser au curé intrus. La municipalité ferma les yeux, pendant plusieurs mois, sur cet état de choses. Cela ne pouvait toujours durer. Les fortes têtes protestaient contre l'attitude prise par M. Metenier. Une dénonciation lancée contre lui le 9 décembre 1791 fut le signal de la lutte violente.

M. Metenier avait reçu défense de ne faire aucune fonction curiale ; on lui permettait seulement de dire sa messe. Un jour, avant sa messe, il donna à une femme la bénédiction des relevailles. Aussitôt la police informée formula contre lui le rapport suivant :

Aujourd'hui, 9 décembre 1791, nous, officiers municipaux assemblés au lieu ordinaire et réfléchissant que les inquiétudes sur les diverses opinions religieuses, loin de s'affaiblir ne faisaient que des progrès funestes, que le parti des non-conformistes grossissait, ce qui ne pouvait être que l'effet de menées sourdes et d'insinuations perfides de la part des esprits mal intentionnés et qu'il était à craindre que le trouble n'éclatât à la fin, parmi nos concitoyens, qu'il était donc de notre devoir et de notre parfaite soumission aux lois, de redoubler de zèle, de vigilance et de fermeté pour prévenir ce malheur.

A quoi un membre a observé que M. Metenier, ancien curé de cette paroisse et non-conformiste, demeurant chez la dame Godin, habitant de cette ville, avait relevé, mardi dernier, six du courant, une femme de couches, dans l'église paroissiale de cette ville, qu'il avait entendu dire que c'était par récidive qu'il remplissait cette fonction curiale, laquelle jointe à d'autres circonstances accréditait le bruit qui se répandait malicieusement dans cette ville, que M. Metenier comptait rentrer bientôt dans son ancienne cure et y être renvoïé en pleine fonction, quoique le membre fût bien digne de foi, nous avons cependant pensé qu'il était prudent de questionner la nommée Vilvault, sage-femme, laquelle présente nous a dit qu'accompagnant à la messe, le six courant, la nommée Sabourain nouvellement accouchée, qui voulait se faire relever, fut aperçue dans l'église par M. Metenier qui se disposait à dire sa messe, qu'il envoya le sieur Boiscoutaud, fils, clerc, leur demander leurs intentions, si elles avaient averti ces messieurs, c'est-à-dire M. Volondat, curé actuel et conformiste ou M. Vincent son vicaire, qu'elles répondirent à ce clerc *afidé* qu'elles les feraient avertir à l'issue de la messe pour qu'ils administrassent la fonction à la nouvelle accouchée, qu'aussitôt ledit Metenier s'était présenté et avait lui-même consommé la cérémonie.

Non contents de ce rapport, nous avons prié M. Metenier de se rendre à la maison commune, lequel est convenu du fait et sur nos représentations de cet leur de la loi et des suites qui en pouvaient résulter, il nous a dit qu'il croïait y être fondé, même à confesser et à dire la grand'messe ; nous avons cru devoir lui conseiller de s'éloigner de cette paroisse, que c'était le moïen de faire cesser tout trouble et de faire revivre l'union et le calme dans les esprits.

Ce conseil a été mal accueilli par M. Metenier « qui ne peut ni ne doit, ajoute-t-il, quitter sa paroisse que par la force majeure ».

Tout examiné, nous soussignés, avons arrêté qu'en exécution de la loi relative à la police de sûreté du 29 septembre 1791, sur le ouï le procureur de la commune, que la copie de la présente délibération sera de suite envoïée à M. le juge de paix de ce canton, pour lui prendre tel parti qu'il avisera bon être.

LA PRISON.

La courageuse résistance de l'abbé Metenier contre les lois schismatiques n'était pas faite pour plaire aux révolutionnaires.

Le saint prêtre fut jeté en prison, à Châteauroux dans l'ancien couvent des religieuses de la Congrégation. Il est facile de se représenter l'émotion qui dût s'emparer de tous les bons paroissiens en voyant leur vénéré pasteur jeté dans un cachot, comme un vil malfaiteur. Son départ, loin de calmer les esprits, ne fit qu'augmenter le trouble et la division. Le curé intrus et son vicaire, M. Vincent, étaient abandonnés par la majeure partie de la population. Les questions religieuses primaient tout autre intérêt. Le clergé constitutionnel était solennellement condamné par le pape Pie VI. L'illusion n'était plus possible pour les consciences droites. Il suffisait, pour s'éclairer, de voir à quelles mains étaient confiés les intérêts catholiques. Les Talleyrand à Autun, les Gobel à Paris, les Grégoire à Blois, les Torné à Bourges, etc., tous ces prêtres tarés et scandaleux qui traînaient dans la boue la dignité épiscopale, révélaient par leur indigne conduite, la profondeur de l'abîme où était tombée l'Église de France.

NOUVEAUX DÉMÊLÉS AU SUJET DU PRIEURÉ.

Tous ces graves événements ne faisaient pas oublier le litige qui s'était élevé entre le séminaire de Bourges et la ville de Saint-Gaultier. La saisie opérée sur les biens du prieuré pour couvrir les frais des réparations du clocher auxquelles étaient tenus MM. les Sulpiciens comme gros décimateurs du prieuré, amena des discussions juridiques un peu vives, comme on peut le voir par la délibération suivante :

Nous, maire et officiers municipaux assemblés en conseil général, en conséquence de la délibération des directoirs du département de l'Indre et du district d'Argenton, mis au bas de la requête, présentée par M. Henri Antoine-Begogne, prêtre de la cidevant congrégation de Saint-Sulpice, directeur et procureur du séminaire de Bourges, observent que si jamais prétention a été illusoire, c'est celle réclamée par le plaignant, en effet, loin que MM. du séminaire de Bourges entretiennent le clocher et autres réparations dont ils étaient chargés, c'est au contraire, la trop grande tolérance des citoyens de Saint-Gaultier qui a occasionné l'énormité des réparations qui sont à faire ; cela est si vrai qu'il y a au moins dix ans que le clocher particulièrement en avait besoin ; ainsi mal à propos le sieur Begogne se plaint-il, puisqu'il n'aurait tout au plus qu'à se louer de leur gratitude et de leur dévouement.

L'article 12 de la loi du 3 novembre 1790 confie l'administration des biens dépendant du séminaire, collège au cidevant corps qui les régissait à la charge de rendre compte au district de leurs situations à compter du

1er janvier 1791 ; celle du 26 octobre dernier atteint tous les fonctionnaires publics à la prestation du serment, sinon déchu ; on sait que M. Begogne ni ses confrères ne l'ont pas fait, nous pensons que dans l'occurence il est déchu et que faute de prestation de serment il n'est plus en état de recevoir et que c'est le receveur du district qui doit toucher l'excédent des sommes saisies, s'il y en a après les réparations faites. C'est à tort qu'il inculpe la municipalité d'irrégularités dans ses démarches. Il est convenu lui-même, par les décisions du directoire du département et du district que le corps municipal était fondé à faire comme il a fait.

La municipalité réclame donc aujourd'hui comme elle l'a fait, que le prix nécessaire pour toutes les réparations à faire, tant au clocher qu'au chœur, cancelle, chapelles latérales, autelles et sacristie, soit arrêtée jusqu'à ce que ces réparations soient faites. Et comme nous ignorons la somme nécessaire, nous demandons qu'adjudication soit faite des réparations qui ont été oubliées, notamment les autels, et il est à remarquer que dans le devis de Pierre Vincent, charpentier, qui nous a été communiqué par mondit sieur Begogne, il n'y a point été compris les réparations de la sacristie, des autels et des chapelles collatérales, que néanmoins il se monte à 1731 l., 8 sols ; ce qui fait une erreur qui prouve clairement que la somme de 1485 livres portée à l'autre devis fait par l'ordre du district le 7 avril dernier, est absolument insuffisante à joindre les autres réparations qui se sont accrues depuis.

Inutilement, M. Begougne prétendrait-il que les chapelles collatérales n'étaient pas à la charge des décimateurs ; on dit *inutilement*, parce que il est de principe que toutes les fois que les collatéraux servent d'arcs-boutant au clocher formant le chœur, ils sont à leur charge comme bâti dans le même tems et ne faisant qu'un ensemble qui ne peut subsister l'un sans l'autre, tels qu'ès celui de l'église paroissiale de cette ville.

Dans la circonstance, nous attendons avec confiance la décision à intervenir, persuadés que les corps administratifs feront droit à nos justes réclamations ; de même qu'au sujet de 1700 livres de revenus attachés au collège, reconnus par M. Begougne en sa dite requeste, laquelle somme nous réclamons pour l'entretien du collège tel que ci-devant, pour être compté par mondit sieur Begougne sur les sommes saisies et confiées au supérieur dudit collège.

21 juillet 1791.

Signé : PÉRUSSAUT, PASCAUD, DÉRIBÉRÉ-DESGARGES.

*
* *

Dix jours après, le conseil se réunit pour s'occuper de nouveau de cette affaire dans une longue délibération où nous lisons le passage suivant :

Il eut été bien imprudent de la part de la municipalité de Saint-Gaultier, de consentir à M. Begougne main-levée de la saisie du 17 septembre 1790, ainsi qu'il le demandait avec fermeté le six janvier dernier en la maison commune ; en vain il employa les représentations, les reproches et les menaces, cette municipalité moins effrayée et moins complaisante que d'autres qu'elle connait et que M. Begougne, procureur de la congrégation non conformiste de Saint-Sulpice, avait vaincues par ses raisonnements captieux, soutint avec constance la légitimité de ses droits, sans toutefois manquer à la reconnaissance due aux prétendus bienfaits de MM. de Saint-Sulpice, dont le reproche tient toujours lieu d'offense.

Enfin, M. Begougne ajoute que les réparations des chapelles collatérales sont à la charge des habitants ; il en tire la preuve de leur prétention à les habiter et à y tenir des bancs ; c'est donc une usurpation de MM. les Sulpiciens qui, militairement, ont fait ôter ces bancs cidevant déposés dans ces deux chapelles...

Quant aux autres chapelles pratiquées *extra chorum* et *sacramentorium sive cancellos*, hors du chœur et le sanctuaire ou cancel et qui s'appelle la nef, nous n'entendons nullement en gréver MM. les Sulpiciens, mais il est étonnant, tout en vantant leur générosité, qu'ils cherchent à se soustraire à des obligations qui leur sont personnelles.

Il n'est pas moins étonnant que M. Begougne veuille dans l'état actuel des choses, priver le collège de la somme annuelle de 1720 livres, qu'il recevait sur les revenus de la cidevant abbaye de Fontcombault, tandis que lui-même a observé au maire que cette somme était due, et il ne parait pas sur les registres que cette somme ait été payée en 1790 et en 1791.

Signé : FONTAINE, maire.

∴

La sollicitude de la municipalité pour les intérêts de l'église paroissiale se manifeste dans une délibération du 18 décembre 1791 relative à l'adjudication des bancs et des chaises.

Un membre a dit que la publication de l'adjudication ayant été faite trois dimanches, il fallait s'occuper de consommer cette affaire à l'issue de vêpres, ainsi qu'il avait été coutume et qu'il était nécessaire d'en prévenir M. Peyrot Desroches, procureur fabricien et même M. Volondat, curé actuel pour en leur présence, rédiger le procès-verbal.

Ces quelques lignes nous apprennent que MM. les fabriciens et M. le curé n'avaient pas la haute main sur l'administration des revenus de l'église. La municipalité jouissait de ce droit.

Biens du prieuré.

La vente des biens nationaux était à l'ordre du jour. La hideuse banqueroute annoncée par Mirabeau inspirait l'alarme. Pour la prévenir, on se jeta sur les biens ecclésiastiques. Dans la journée du 21 décembre 1791, le conseil municipal s'occupe de la vente par l'État du four banal, de la grange des dîmes et du pressoir dépendant du prieuré (1).

Un membre a observé que les biens nationaux restant à vendre allaient être publiés et mis en adjudication active pour enfin consommer cette branche d'occupation et de ressources et qu'entre autres objets, un four ci-devant banal et la grange des dîmes, ensemble le pressoir devant être incessamment soumis pour être vendus à l'enchère, au profit de la nation, qu'il serait utile pour la ville de faire l'acquisition de la grange et du pressoir y attenant, soit pour servir, un jour, de *hâle*, soit à tout autre usage profitable à nos concitoyens ; en conséquence avons arrêté qu'il sera fait une soumission pour la dite grange et pressoir.

Signé : Fontaine.

⁂

Le four, la grange et le pressoir étaient situés près du collège (2). La municipalité résolut d'acheter à l'État ces trois immeubles.

Le 16 janvier 1792, on se réunit et voici la résolution consignée dans le procès-verbal :

Le conseil général, ouï le procureur, réfléchissant qu'il serait important pour le collège de conserver à la ville la propriété de la grange des dixmes, du pressoir attenant et du four, objets affichés pour être vendus comme bien national et qu'il serait facile de se procurer un revenu comme dédommagement de l'acquisition soit par la location du four si nécessaire à la cuisson du pain, soit en pratiquant dans la grange et dans le pressoir une *hâle* pour les bleds et en l'affermant aux marchands forains ; que si ces objets sont achetés par un particulier qui pourrait détruire le four, les citoyens seraient à la merci des boulangers, lesquels ne peuvent suffire à

(1) Les biens du prieuré de Saint-Gaultier consistaient en une grange dimière, un four et un pressoir banaux, et en bois : le bois de Grandmont et le bois du grand et petit Bonnedon, près des *Jouanins* sur la route de Nuret, estimés 1600 livres, de la contenance de 36 arpents 38 perches.

(2) Le cellier actuel de M. Gaucher, juge de paix, était la grange des dîmes, le pressoir et le four joutaient la grange ; il n'en reste aucune trace.

cuire tout le pain des citoyens ; avons arrêté que la ville fera l'acquisition des susdits objets.

(Suivent les signatures.)

Une fois ces biens ecclésiastiques vendus au nom de la nation, pour que l'opération fut définitive, on prit soin de faire brûler les anciens titres. C'est ce qui résulte du document suivant trouvé dans les Archives de la municipalité de Châteauroux (1) :

Le seizième jour de Brumaire, an II de la République, après midy, est comparu au greffe de la maison commune d'Indrelibre le citoyen Philippe Brianne, avoué au tribunal du district, tant en son nom que comme chargé de la part du citoyen Ligondès de Conives et dépositaire de la maison du collège de Saint-Gaultier et prieuré, lequel pour satisfaire à la loi du 17 juillet dernier, il vient déposer es mains de nous, secrétaire, soixante-quatre dossiers dans lesquels sont les titres des ci-devant droits féaudaux, censuels fixes, casuels, dixmes et terrages, dépendant de ci-devant terres de Luant, et Boissière, pour être brûlés conformément à la susdite loy.

Signé : BRIANNE, BOTTARD LEMORD.

RÉTRACTATION DE M. VOLONDAT.

Nous arrivons à un événement du plus vif intérêt, la rétractation du curé intrus de Saint-Gaultier, M. Volondat. Nous laissons à M. Caillaud, le soin de nous le raconter en détail. Nous avons vu la chute, nous allons voir le relèvement ; si la faute fut grave, la réparation fut héroïque.

Monsieur Volondat était un homme instruit, de bonnes mœurs, qui avait fait une faute, mais qui avait la foi. Sa conscience n'était pas tranquille ; il comprenait très bien sa position, et l'on doit dire à sa louange que jamais il ne fit un mariage sans demander des pouvoirs au curé ou au vicaire légitimes. Il logeait chez M. Matheron qu'il avait connu au collège de Magnac, et Mme Matheron, femme très pieuse et très zélée, profitait habilement de toutes les circonstances qui se présentaient pour lui faire sentir combien sa position était fausse, et pour l'engager à retracter son serment. Un jour qu'elle lui faisait remarquer que son église était déserte, tandis que les oratoires des prêtres insermentés étaient pleins de fidèles, que tout le monde l'abandonnait et improuvait sa conduite : « Vous avez raison lui répondit-il, j'ai fait une grande faute et il n'y a que mon sang

(1) Registre des délibérations, an II.

versé pour Jésus-Christ qui puisse l'effacer. » Il répéta cette même parole dans une autre circonstance ; aussi toutes les familles pieuses de Saint-Gaultier en ont-elles conservé le souvenir (1).

M. Caillaud continue :

Quand une âme docile aux touches secrètes de la grâce reconnaît ainsi ses torts et ne craint pas d'en faire publiquement l'aveu, elle est bien près de sa conversion. Tourmenté par les remords de sa conscience, M. Volondat fit un jour demander une entrevue à M. l'abbé Godin, qui s'y prêta sans aucune difficulté. Le curé constitutionnel lui dit franchement qu'il n'était pas tranquille et qu'il venait auprès de lui pour se confesser. « Très volontiers, répondit M. l'abbé Godin, mais à deux conditions : la première, c'est que vous renoncerez à votre titre de curé constitutionnel, et la seconde, que vous retracterez le serment de la constitution civile du clergé que vous avez prêté. — Qu'à cela ne tienne, dit généreusement l'intrus, je veux mettre ma conscience en paix à quelque prix que ce soit. -- Mais vous concevez, ajouta M. Godin, que pour réparer le scandale, il faut que votre démission et votre rétractation soient connues du public. — Je le conçois, dit M. Volondat, mais il est bien difficile que je fasse cette rétractation en chaire. » M. Godin lui aurait alors proposé de rédiger et de signer sa démission et la rétractation de son serment, et se serait chargé de leur donner toute la publicité nécessaire, voici l'expédient qu'il avait imaginé. Il y avait alors à Saint-Gaultier une vieille dame qui aimait beaucoup à colporter les nouvelles ; il aurait prié sa mère d'aller lui rendre visite, lui recommandant de laisser, en sortant, sur son fauteuil, l'écrit de M. Volondat. La vieille dame en rentrant aurait trouvé ce papier, et serait allée bien vite raconter partout cette nouvelle, en sorte que, quelques heures après, toute la ville de Saint-Gaultier en aurait été instruite. Mais après quelques instants de réflexion, M. Volondat, fidèle à la grâce qui le pressait, prit un parti plus généreux. Il se décida à faire son abjuration et à donner sa démission en présence de la municipalité et le 3 mars 1792 il fit cette courageuse déclaration : « Je déclare en présence de MM. les officiers municipaux que je me démets de la place de curé de cette paroisse et de

(1) Ce qui contribua à éclairer sa conscience et le décida à revenir de ses égarements fut aussi l'humiliant insuccès de son ministère auprès d'une mourante. Voici le fait :

Une dame de la ville, très malade, fit venir M. Volondat et lui fit sa confession. Ce devoir accompli, le prêtre intrus lui demanda si elle désirait recevoir les derniers sacrements. « Non ! répondit-elle, j'ai été forcée de vous appeler pour me confesser, n'ayant pas d'autre prêtre ici ; mais je refuse tout autre secours religieux de la main d'un prêtre qui a trahi sa foi. Bien plus, ajouta-t-elle, j'ai défendu à ma famille d'assister à mon enterrement parce qu'il sera présidé par vous. » En effet, la dame mourut et pas un parent ni ami n'assista à l'office.

Ce fait a été attesté à M. l'abbé Carmignon, vicaire à Saint-Gaultier, par une malade qu'il administra et qui était descendante de la dame en question.

celle de supérieur du collège de cette ville et que je me rétracte formellement de mon serment : conséquemment, je prête ainsi mon serment avec restriction : Je jure d'être fidèle à la nation, à la loi et au roi et de maintenir la constitution civile dans ce qui regarde le civil et non dans ce qui regarde l'autorité spirituelle de l'Eglise. » Cependant le curé démissionnaire avait fait préparer un cheval qui l'attendait sous les murs du petit séminaire : il se hâta de quitter le pays et se dirigea vers Paris. Il y fut bientôt arrêté.

ARRESTATION.

Voici le procès-verbal de son arrestation :

L'an 1792, IV de la liberté et le 1er de l'Egalité, le trente août à trois heures et demie du matin.

En vertu de l'arrêté du Conseil général de la Commune, un particulier logé chez M. Chantro, maître de pension, rue des Boulets, a été amené devant nous. Avons interpellé ledit particulier de nous déclarer ses nom, surnom, âge et qualités, pays de naissance et demeure.

A dit se nommer Joseph Volondat, sans profession, âgé de quarante ans, natif de la Souterraine, demeurant rue des Boulets, maison du sieur Chantro.

A lui demandé s'il n'est pas ecclésiastique et s'il a prêté le serment décrété par l'Assemblée nationale concernant le Clergé.

A dit qu'il est ecclésiastique, qu'il avait prêté le serment exigé par la loi, mais qu'il l'a retracté.

A luy demandé qui a pu le déterminer à rétracter le serment qu'il a fait et quelles sont les personnes qui l'ont engagé à faire cette acte inconstitutionnelle.

A répondu que personne ne luy a donné aucun conseil à ce sujet, qu'il n'y a que sa conscience seule qu'il l'a déterminé à rétracter son serment.

A luy demandé depuis quand il a rétracté ledit serment ?

A dit qu'il a rétracté son serment le quatre du mois de may (1) dernier à Saint-Gaultier, département de l'Indre, où il était curé constitutionnel.

A luy demandé quels ont été et quels sont ses moyens d'existence.

A dit que M. Chantro son amy l'a reçu chez luy et luy a donné la subsistance et n'a pas d'autre moyen en ce moment.

Lecture faite de ses interpellations, a dit qu[illegible] contiennent vérité, y a persisté et a signé.

QUESNIAR, président, VOLONDAT,
DURHET, MUSINE.

Sur quoy après lequel interrogatoire et attendu que le sieur Volondat

(1) Il y a erreur de date : c'est le 3 mars que la rétractation eut lieu.

s'est déclaré suspect en faisant luy même l'aveu du serment qu'il a rétracté et qu'il n'a pas moyen de subsistance, nous l'avons remis au sieur Jacquemont, caporal du poste de Montreuil, pour le conduire maison des Carmes Deschaux pour y demeurer en état d'arrestation, jusqu'à ce qu'il en soit autrement ordonné et de tout ce que dessus nous avons rédigé le présent procès-verbal, pour servir et valoir en temps et lieux, ce que de raison et a, ledit sieur Jacquemont signé avec nous.

Signature illisible, DURHET. QUESNIAR, président.
MUSINE.

MASSACRES.

M. Volondat est jeté en prison. Trois jours après, il y était massacré avec un grand nombre d'ecclésiastiques, évêques et prêtres. Un historien (1) raconte en détails cette lugubre journée du 2 septembre 1792.

Les assassins, au nombre environ de trente, pénétrèrent dans l'abbaye des Carmes en criant aux prêtres : « Scélérats ! voilà enfin le moment de vous punir ».....

Ceux qui suivirent l'allée qui conduit à la petite chapelle s'écrièrent : « Où est l'archevêque d'Arles ?

— C'est donc toi, scélérat ! qui es l'archevêque d'Arles ?

— Oui, messieurs, c'est moi qui le suis. Ah ! scélérat, c'est donc toi qui as fait verser tant de sang de tant de patriotes à Arles ?

— Messieurs, je ne sache pas avoir fait du mal à personne.

— Eh ! bien ! moi je vais t'en faire, répond l'un des brigands. »

Et en disant ces mots, il lui décharge un coup de sabre sur la tête. L'archevêque, immobile, reçoit ce premier coup sans rien dire. Un nouveau brigand, d'un coup de cimeterre lui fend presque tout le visage ; frappé une troisième fois, il tomba ; alors un des meurtriers lui enfonce dans le corps sa pique si violemment, que le fer ne peut être arraché. Le bourreau pose le pied sur le cadavre de l'archevêque, prend sa montre et la fait voir aux autres comme le prix de son triomphe.

Un grand nombre de prêtres s'étaient réfugiés dans la petite chapelle et là attendaient la mort dans le plus grand silence en offrant à Dieu le sacrifice de leur vie. Les brigands déchargèrent sur eux leurs fusils et leurs pistolets. Les victimes tombaient les unes sur les autres. L'évêque de Beauvais, Pierre de La Rochefoucault, eut la jambe fracassée d'une balle ; il tomba comme mort. D'autres assassins poursuivaient les prêtres épars dans le jardin, les chassaient devant eux, les abattant à coup de

(1) Barruel, *Histoire du clergé pendant la Révolution*, cité par Rohrbacher, XIII, p. 273.

sabre, enfonçant leurs piques dans les entrailles, faisant feu de leurs fusils et de leurs pistolets, sans distinction sur les jeunes, sur les vieux, sur les infirmes : « Scélérats s'écriaient-ils, vous ne tromperez plus le peuple avec vos messes... » Un autre groupe s'étant refugié dans l'église des Carmes, un commissaire se tenait à la porte pour prendre leurs noms et dresser un procès-verbal. Les prêtres défilaient devant lui, et les brigands les attendaient pour les massacrer. Les victimes passaient une à une, disant leur bréviaire, allant à la mort sans pousser une plainte, en répétant cette parole : « *Seigneur, pardonnez-leur, ils ne savent pas ce qu'ils font!* » Parmi les dernières victimes, furent les deux frères De La Rochefoucault, évêques de Saintes et de Beauvais. Le second ayant la jambe fracassée, pria ses bourreaux de l'aider à aller au lieu du massacre, ce qu'ils firent ; ils le soulevèrent sous les bras avec un reste d'humanité et de respect.

MARTYRE DE M. VOLONDAT.

M. Volondat fut du nombre de ces victimes, dit M. Caillaud. Ses parents (1) lui apportaient un lit qu'il avait demandé. Ils le voient de leurs propres yeux, assommer à coups de barres de fer ; et les marches de l'église furent teintes de son sang, qu'il eut le bonheur de verser, comme il le désirait, pour effacer sa faute. Il est porté sur le registre de l'état civil de Paris. « Très véritablement disait l'humble et pieux M. Godin, lorsqu'il racontait ce trait, il est plus heureux que moi. Je voudrais bien être à sa place et être martyr comme lui (2). »

La mort héroïque de ce prêtre, un moment égaré dans la voie du schisme, le range parmi les martyrs de la foi. C'est au prix de son sang, comme il l'avait formellement annoncé, qu'il a réparé sa faute. Il ne pouvait se faire aucune illusion sur le sort qui l'attendait, soit au moment où, à Saint-Gaultier, il se rétracta, soit à Paris, quand on l'arrêta. Il aurait pu, d'un mot, échapper au danger qui le menaçait. Ce mot, il ne voulut pas le dire parce que sa conscience de prêtre lui défendait de le dire. Il alla à la mort avec la sérénité d'un prédestiné.

C'est avec le plus profond respect que nous sommes allé visiter l'endroit où l'ancien curé de Saint-Gaultier tomba sous les coups de ses meurtriers, le jardin témoin de son martyre ; les marches de l'église des Carmes qu'il ensanglanta de son sang, la crypte où sont réunis ses restes vénérés mêlés à ceux

(1) Sans doute M. Chantro.
(2) Caillaud, *Les Martyrs*, p. 388.

de ses compagnons de mort, la plaque de marbre noir où son nom est inscrit en lettres d'or. Malheureusement son nom n'est suivi d'aucune indication ni qualification. On ne savait ni d'où il venait, ni ce qu'il était. C'était un inconnu, un obscur soldat de J.-C., mort au champ d'honneur. L'heure de la gloire est venue pour ce vaillant héros de la foi. Son nom, nous l'espérons, va être révélé aux hommes et honoré par les fidèles et surtout par ses anciens paroissiens de Saint-Gaultier. Une Commission officielle vient d'être nommée par son Eminence le Cardinal Richard pour instruire le procès de béatification de toutes les victimes de septembre 1792. Cette commission fonctionne ; déjà de nombreux documents ont été recueillis. Et notre martyr, M. Joseph Volondat, grâce aux soins diligents du vice-postulateur, Mgr de Teil, figure parmi les noms les plus favorisés (1).

*
* *

Revenons à Saint-Gaultier ; le brusque départ de M. Volondat a mis le comble à l'agitation publique. Le vicaire, M. Vincent, est nommé curé de Saint-Gaultier. Nous n'avons trouvé aucune trace de son élection ni de son installation. Il eut comme vicaire, M. Pacton.

M. Metenier était en prison ; M. Godin avait quitté Saint-Gaultier et s'était, dit-on, retiré en Suisse où, pour gagner sa vie, il dût se résigner à faire le métier de maçon.

Il y avait à Saint-Gaultier plusieurs ecclésiastiques que leurs infirmités mettaient à l'abri des lois de proscription. Ils étaient logés chez des amis ou des parents. Le Conseil municipal désigne M. Ravet Duvignaud, officier de santé, pour examiner l'état de leur santé « pour constater, dit le procès-verbal de la séance du 12 septembre 1792, les infirmités des ecclésiastiques domiciliés en cette municipalité qui se trouvent

(1) M. Volondat a signé les registres paroissiaux jusqu'au 21 février 1792. M. Vincent, curé et M. Pacton, vicaire, ont signé ces mêmes registres jusqu'au 1er septembre 1792.

Nous n'avons pu découvrir les actes des baptêmes, mariages et enterrements faits pendants les dix années qui suivent cette époque.

sous l'empire de la loi (comme non assermentés) ouï le procureur de la commune, le Conseil a nommé Claude Ravet Duvignaud et l'a chargé de cette commission (1) ».

M. Metenier en prison.

La population de Saint-Gaultier n'oublie pas son ancien pasteur, M. Metenier. La pensée de ses malheurs touche les cœurs. Mme Burat-Dubois veuve Godin, demanda à la municipalité la permission de lui envoyer quelques objets de literie. Voici le texte de la délibération municipale relative à cette affaire :

Aujourd'hui, 8 novembre 1792, l'an 1er de la République française, à dix heures du matin, est comparue devant nous, séance tenante et porte ouverte, la citoyenne Marie-Jeanne Burat-Dubois, veuve de Jean Godin, demeurant en cette ville, laquelle comme chargée de pouvoirs du citoyen Joseph Metenier, ci-devant curé de cette paroisse et supérieur du collège, étant actuellement en la maison des ci-devant religieuses de la ville de Châteauroux en vertu de la loi ; nous a exposé que par l'inventaire ou description sommaire par nous faite des effets dudit collège en datte du six juin 1791, il avait été porté entre autres choses, un lit composé de son chalit, une paillasse, matelat, une couverture de laine verte avec rideaux de *rats* vert et les tringles, le surplus consistant dans la courte-pointe, le dedans en indienne, est déclaré par M. Metenier lui appartenir, ensemble la couette ou lit de plume, et que ledit citoyen Metenier en faisait la réclamation attendu qu'il en avait un besoin pressant pour son usage et comme lui appartenant ; elle a aussi proposé de lui faire le prêt du matelas, sur sa responsabilité, pour l'envoyer avec le lit ; après avoir délibéré et examiné l'inventaire fait ; ouï le procureur, nous avons arrêté que la couette, le traversin, la couverture de laine blanche et la courte-pointe, lui seraient délivrées pour être envoyées audit citoyen Metenier comme lui appartenant et que le matelas y sera joint ; à la charge de le représenter ou d'en compter le montant à la première réclamation, n'étant ledit matelas délivré qu'à titre de prêt.

Et quant au surplus des objets composant ledit lit qui est réclamé par le citoyen Metenier et dont il ne paraît pas avoir besoin par le présent, ils resteront à leur place, et à l'heure même ladite couette, traversins, etc., ont été délivrés à la dite comparente, à la charge, par elle, d'en

(1) A cette époque, en exécution d'un décret de l'Assemblée législative, on s'occupa au Conseil municipal, de la fabrication des piques destinées à la garde civique : il y eut une adjudication le 18 novembre 1792.

faire la représentation, laquelle a signé avec ceux de nous qui savent signer.

Signé : BURAT-DUBOIS Vve GODIN.

Il est à supposer que cette dame Burat-Dubois-Godin, mère de l'ancien vicaire, était la sœur du fameux Burat-Dubois, notaire, qui a laissé à Saint-Gaultier le souvenir d'un jacobin accompli.

Quand on lit attentivement cette délibération on est frappé du ton de froideur qui y règne. Cependant la main qui l'a redigée est la même que celle qui employait naguère les termes les plus respectueux à l'égard du vénéré et tant aimé M. Metenier. Mais nous sommes à l'époque où on inaugurait les grandes exécutions. L'esprit révolutionnaire excité par l'odeur du sang, de Paris, soufflait sa fureur, dans toutes les provinces, contre les prêtres même les plus dignes et les plus consciencieux.

M. PLASSAT, CURÉ D'OIZON.

Parmi les prêtres qui avaient trouvé un refuge à Saint-Gaultier, était M. Plassat, curé d'Oizon, dans le Cher. Il était né à Saint-Gaultier et appartenait à une des familles les plus honorables de la ville. Il s'y rendit, après avoir été destitué pour refus de soumission à la Constitution civile du clergé.

Il s'y tint caché pendant quelques mois, et fut arrêté dans le courant d'octobre 1792 et conduit, dit M. Caillaud, à la maison de détention de Châteauroux où il se trouva avec MM. Metenier, curé de Saint-Gaultier, Chicot des Pilorgets, curé de La Châtre, Charron, curé de Crevant, etc.

Pendant sa détention, un vicaire général de l'*évêque de Neige* (c'est ainsi qu'on appelait l'évêque de Châteauroux) vint à la prison visiter les détenus qu'il connaissait particulièrement et leur offrir ses services. M. Metenier auquel il s'adressa se montra reconnaissant de sa démarche et consentit à le recevoir le lendemain, à l'heure de son repas.

M. le curé d'Oizon, qui mangeait habituellement avec M. Metenier, lui déclara qu'il ne voulait avoir aucun rapport avec un prêtre qui ne rougissait pas de trahir sa foi et ses serments et qu'il ne paraîtrait pas le lendemain au dîner.

M. le curé de Saint-Gaultier était trop bon et trop vertueux pour ne pas se rendre aux raisons de M. Plassat, et le lendemain, le vicaire constitutionnel ne fut pas admis.

M. le curé d'Oizon évita la déportation par ce qu'il était atteint de la pierre. Les privations et les souffrances qu'il éprouva dans la prison, jointes à cette affreuse maladie, le conduisirent au tombeau. Il mourut dans la maison de détention le 18 août 1794.

Les vieillards d'Aubigny et d'Oizon parlent encore de notre martyr avec la plus grande vénération.

C'est le témoignage qu'ont recueilli dans ces deux paroisses M. l'abbé Desgardes et M. l'abbé Menu, ses deux arrière-neveux : c'est ce qu'atteste encore un de ses neveux qui vit encore et qui a passé ses premières années chez son oncle. M. l'abbé Godin, ancien vicaire général de Bourges, disait de M. Plassat qu'il avait une âme droite, ferme et généreuse. C'est un bel éloge en trois mots (1).

***

C'est à l'année 1792 que remonte l'établissement à Saint-Gaultier d'une brigade de gendarmerie.

Le 31 octobre 1792, lisons-nous dans les archives, le citoyen Anginard, maréchal des logis, est envoyé à Saint-Gaultier... La municipalité arrête de concert et du consentement du citoyen Fauconneau-Dufresne que sa maison et dépendances situées Grande-Rue et près de la place publique de cette ville était la seule vacante qui, dans le moment, puisse convenir et suffire au casernement de la brigade entière.

Elle fut affermée 300 livres par an.

Les billets de confiance.

Les transactions commerciales étaient difficiles. Les assignats (2) n'inspiraient pas grande confiance. La petite monnaie manquait. Le conseil municipal résolut de mettre en circulation des *billets de confiance*. L'émission ne s'éleva qu'à 3.000 livres, soit : 4.400 billets de cinq sous ; 2.500 de huit sous et 1.500 billets de douze sous (3).

(1) Caillaud, *Les Martyrs de Bourges*, p. 347.

(2) En 1796, un dîner au palais royal de deux personnes se payait 1.500 livres en assignats. Taine III, 518 (notes).

(3) Le 2 novembre, plusieurs sacs de gros sous furent envoyés par le receveur d'Argenton et échangés pour des assignats. Cette monnaie fut partagée entre les six *communautés* du canton.

LES FOIRES.

Vers la fin de novembre de la même année la municipalité s'efforça de donner aux foires plus d'importance, comme en témoigne la délibération suivante :

La municipalité de la ville et paroisse de Saint-Gaultier, considérant qu'il résulte de la tenue des foires du bétail de toute espèce dans l'intérieur de la ville un air absolument insalubre occasionné par les matières fétides que les cochons et autres animaux immondes y déposent ;

Considérant aussi que les places publiques, les rues et même l'entrée des maisons se trouvent remplies de bestiaux et à ce moyen gênées et embarrassées de manière que les marchands forains ne peuvent se placer sans risque, que le public est à chaque instant exposé au passage par le mouvement de ces animaux, et que les vendeurs et les acheteurs ne peuvent librement examiner la marchandise qu'ils intéressent de faire valoir et connaître ;

Considérant enfin que si les foires se tenaient hors de l'enceinte de la ville ou dans un terrain moins ferré, l'on préviendrait des inconvénients et des événements funestes et les foires deviendraient plus brillantes et plus avantageuses ;

Que c'est au surplus le vœu du canton et des étrangers qui fréquentent les foires ;

Il a été arrêté, ce requérant le procureur de la commune, qu'à l'avenir à commencer de l'affiche et de la publication de la présente délibération en attendant que la commune puisse se procurer un champ de foire commode et à portée, les foires et marchés de bestiaux se tiendront sur les trottoirs et terrains vagues de droite et de gauche sur la grande route, à partir de la maison de l'hôtel Dieu ou hôpital de cette ville, en laissant le milieu dudit chemin libre pour faciliter le passage et l'examen du bétail, sauf à faire niveler et aplanir par le moyen des fonds libres s'il s'en trouve en la municipalité, les inégalités de terrain qui se rencontreraient dans lesdits lieux indiqués et sans que cette entreprise puisse être à la charge individuelle des citoyens ;

Arrête aussi que les marchands forains ne pourront se placer que dans l'intérieur de la ville aux endroits accoutumés ;

Arrête aussi qu'au moyen de l'extrême proximité de cette ville pour la tenue prochaine de ces foires, il ne pourra dans ladite foire être établi ni tente, ni cabaret volant ; la municipalité désirant, en cherchant la commodité et la sûreté publique, ne pas nuire à la consommation intérieure et d'usage qui se fait dans ladite ville.

Fait et arrêté en assemblée permanente et publique, ce jourd'hui vingt-quatre novembre 1792.

FONTAINE, maire.

M. VINCENT, CURÉ INTRUS DE SAINT-GAULTIER.

Le nouveau curé instrus de Saint-Gaultier, M. Vincent, était un homme sans caractère. Entraîné par la faction Jacobine, il en devint le docile instrument. Comme supérieur et économe du collège, le 24 novembre 1792, il présente ses comptes à la municipalité. Cet établissement ayant été licencié après la démission des professeurs non conformistes, la comptabilité ne devait pas être compliquée. Huit jours après, on vendit à l'encan les quelques denrées qui y avaient été laissées et qui consistaient en « cinq jambons, un restant de beurre fondu, cinq poules et un coq, de l'ail, des oignons et des échalottes qui furent adjugées au plus offrant ».

Quelque temps après, les chambres furent louées et les salles servirent aux réunions publiques.

DÉLATION CONTRE Mme GODIN.

Nous arrivons à la sinistre année de 1793 ; les prêtres fidèles sont déportés ou jetés en prison. Ceux qui sont restés dans le pays, cachés chez des amis ou des parents, sont l'objet de dénonciations continuelles. Leur présence compromet ceux qui les logent.

Non seulement les prêtres sont traqués comme des ennemis publics, mais même de pauvres religieuses qui ont quitté leurs couvents et se sont sécularisées, sont l'objet de la haineuse suspicion du pouvoir.

Les plus paisibles habitants de Saint-Gaultier, entraînés par le mouvement général, se transforment en vils délateurs. Qu'on lise la dénonciation suivante, consignée sur les registres publics :

Je soussigné, Jean-Baptiste Tardif, citoyen de cette ville, considérant que dans la crise présente où se trouve l'Etat on ne saurait prendre trop de sûreté afin de ne pas compromettre le salut public et ne pas troubler l'ordre, étant à notre connaissance qu'il y a continuellement une circulation de plusieurs femmes qui s'assemblent chez Marie-Jeanne Burat veuve Godin ; par suite de cette circulation, il se tient des conciliabules, ce qui est d'autant plus facile à croire que son fils est exporté, c'est-à-dire sorti du royaume, que d'ailleurs, il y a deux religieuses chez elle; en conséquence, je dénonce par la présente, ces faits afin que, elle et ses gens soient mis en arrestation et les armes autées (*sic*) s'il y en a.

Fait à Saint-Gaultier, le 27 mars 1793, l'an 2 de la République.

Signé : TARDIF.

Cette lâche dénonciation porta ses fruits; l'accusée, sans avoir le temps de se défendre, fut consignée dans sa propre maison :

Vu la dénonciation ci-dessus, dit le procès-verbal, et ce requérant le substitut du procureur de la commune, ordonnons en conséquence de ladite dénonciation que Marie-Jeanne Burat veuve Godin demeurera consignée en sa maison, elle et ses gens, à l'exception de deux domestiques, et que défense à elle faite de souffrir chez elle aucune assemblée ou circulation d'hommes et de femmes quelconques, sous les peines portées par les lois, étant dès lors, la susdite Marie-Jeanne Burat, sous la surveillance du corps municipal et que visite sera faite dans sa maison par deux commissaires accompagnés de deux officiers municipaux pour en enlever les armes s'il s'en trouve et autres choses suspectes.

(Suivent les signatures.)

*
* *

Trois jours après, Mme Godin demande au substitut du procureur de vouloir bien se transporter dans sa demeure devenue sa prison, pour l'entendre. Le substitut y consentit. Voici le procès-verbal de cette entrevue :

Le 31 mars 1793, moi substitut du procureur de la commune, sur la requête verbale de Marie-Jeanne Burat veuve Godin, par le ministère de Saujon son domestique, de me transporter chez elle ce jourd'hui, où étant, ladite veuve Godin m'ayant fait observer qu'elle avait été mise en arrestation par le corps municipal, sur une dénonciation faite par le citoyen Tardif, et que cette dénonciation est vague et fausse en tout son contenu, en conséquence, elle m'a requis que le registre des délibérations lui fût apporté par moi, pour y déposer ses moyens de défense, ce qui ayant été fait par un de nous et notre greffier, ladite veuve a exposé que le citoyen Tardif soit tenu d'expliquer le mot *conciliabule* inséré dans sa dénonciation, qu'il n'a sûrement pas entendu; et s'il a entendu qu'il soit tenu de prouver que la veuve Godin a tenu chez elle des assemblées de prélats irrégulières, illicites et tumultueuses et qui n'ont pas été convoqués selon les règles de l'Eglise, qui est la signification dudit mot; demande de plus que le corps municipal certifie que Pierre Godin son fils est en état de déportation et même déporté sur la connaissance qu'en donnera la susdite veuve au corps municipal et non pas sorti du royaume comme le dit malicieusement le dénonciateur (1); qu'il sera tenu d'expliquer ce qu'il veut dire sur les religieuses qui sont chez elles, dont l'une est sa fille et l'autre une amie et qu'elle ne connait aucune loi qui lui défende de recevoir chez elle des religieuses; que la veuve Godin est même disposée à en avoir d'autres quand bon lui semblera tout autant que ces personnes ne sortiront pas de la loi; qu'il s'explique sur-le-champ sur tout ce qui dessus et notamment sur le mot de *gens* qui se trouve inséré dans la dénonciation, que ce mot attaque la réputation d'elle, veuve Godin et qui peut faire soupçonner dans ces instants de crise et d'alarmes qu'elle aurait quelqu'un caché *ché* elle, ce qui pourrait occasionner de grands dommages tant à ses biens qu'à sa personne; elle requiert que faute au dénonciateur de prouver les faits allégués en sa dénonciation que mainlevée lui soit donnée de la délibération du 29 mars dernier.

Aujourd'hui, moi soussigné, substitut du procureur de la commune, vu les moyens de défense de la veuve Godin, requiert le corps municipal ordonner que le citoyen Tardif fasse les preuves des faits allégués en sa dénonciation.

Nous, maire et officiers municipaux, vu les moyens de défense de la veuve Godin, ordonnons que le citoyen Tardif sera tenu de faire la preuve des faits allégués contre elle, devant qui de droit.

Signé : PEYROT-DESGACHONS.

Par ces délibérations, on voit que les conseillers municipaux veulent réparer de leur mieux la révoltante injustice commise contre cette malheureuse femme, coupable d'avoir donné l'hospitalité à sa fille et à une amie. Depuis trois semaines, elle était séquestrée chez elle (2), lorsque, le 18 avril, on vint lui annoncer la bonne nouvelle de sa délivrance. Voici la délibération prise à ce sujet :

Le jeudi, 18 avril 1793, l'an second de la République française, maire et conseillers municipaux réunis, après avoir conféré avec le citoyen Lejeune, commissaire national, sur les faits de la dénonciation du 27 mars, signée Tardif, les réponses en icelle, signé Godin, disons l'arrestation par nous ordonnée mise à néant et la remettons aussitôt en pleine liberté comme elle était avant ladite dénonciation.

Signé : PEYROT-DESGACHONS.

(1) Tardif avait insinué que l'abbé Godin avait émigré; ce qui eut entraîné les plus graves conséquences pour lui et pour sa famille.

(2) La maison de Mme Godin était située à l'endroit de la maison de feu

D'après le texte de cette courte délibération, le maire est allé à Châteauroux pour traiter l'affaire avec Lejeune, envoyé par la Convention comme commissaire national dans le département de l'Indre. Tout de même, le dénonciateur Tardif put goûter le plaisir de voir sa victime tenue au secret pendant plus de vingt jours.

La terreur.

La terreur régnait à Saint-Gaultier, deux commissaires sont chargés de faire des visites domiciliaires (5 avril).

A cette même date, un frère *laye*, capucin de la maison d'Orléans, nommé Philippe Galien, demande et obtient un certificat de résidence chez le notaire Burat. A quel titre venait-il se réfugier à Saint-Gaultier et surtout chez ce notaire? Nous n'avons pu le découvrir.

***

La police ne chômait pourtant pas dans la petite ville. Le 24 mai 1793, une dénonciation est lancée contre un prêtre en résidence chez une parente. Il se nommait Hallot, ancien curé de Sauzelles, insermenté. Voici le texte de cette dénonciation :

Le 24 mai 1793, devant nous, maire de Saint-Gaultier, est comparu le citoyen Renaud et le citoyen Pierre Baudet, lesquels nous ont rapporté que Renaud avait entendu dire à la femme Marie-Rose Alau veuve Jean Pérussault, que le citoyen Pierre Alaux, prêtre insermenté, résidant, a fait sa déclaration à Sauzelles, district du Blanc, que ledit Alaux avait dit à Baudet qui lui demandait pourquoi il n'était pas avec les autres (1), n'ayant pas prêté serment, à quoi elle a répondu qu'il n'y était pas et qu'il désirait y être et cherchait le moyen pour le faire. Ledit Beaudet a dit qu'effectivement à l'heure susdite il a demandé à ladite Alau qui était venue pour demander au corps municipal pour ledit Alaux la permission de dire la messe, ce qui ne lui a été accordé, pourquoi il n'était avec les autres; à quoi elle a répondu qu'il désirerait y être; sur quoi nous avons

M. Charles Desperrins, dans la Grande-Rue. Elle était flanquée d'une tour faisant saillie sur la rue. Elle avait vue sur la Creuse.

(1) Les autres prêtres incarcérés ou déportés.

fait venir ledit Allaux, interrogé sur lesdites dénonciations de son nom, surnom, âge, qualité et demeure, a répondu qu'il s'appelait Pierre-Victor Alaux, qu'il était prêtre insermenté et qu'il demeure à Sauzel, district du Blanc ; interrogé s'il n'a pas dit qu'il désirerait être avec les autres ; a répondu qu'il ne l'avait pas dit, mais qu'il avait dit que les prêtres déportés étaient plus heureux que ceux qui étaient restés en France.

Signé : HALLOT, prêtre, PEYROT-DESGACHONS, maire.

LA FAMINE.

La famine, ce fléau épouvantable, dépeint par Taine dans son *Histoire de la Révolution* sous des couleurs si sombres, sévit sur toute la France pendant plusieurs années. En sorte que cette époque qui fut l'époque des grands crimes, fut aussi l'époque des grandes misères. D'après le grand historien, un des départements qui eurent le plus à souffrir, fut celui de l'Indre. Saint-Gaultier fut atteint cruellement par ce fléau, traînant après lui tout un cortège hideux des passions antisociales, la défiance, la jalousie, la convoitise, la cupidité, la délation et l'inquiétude poignante du lendemain. Car la faim est une bien mauvaise conseillère.

Dans certaines contrées, le pain s'est vendu dix-huit sous la livre, et même cinquante francs au moment du cours forcé des assignats. A Saint-Germain, près de Paris, on trouva un homme mort qui avait la bouche pleine d'herbes. « Dans le département de l'Indre, dit Taine, beaucoup d'habitants furent obligés de se nourrir de gland et de son (1). »

C'est l'exacte vérité pour Saint-Gaultier. Nous avons sous les yeux le texte des délibérations municipales qui relatent cette douloureuse situation de nos compatriotes, obligés de manger du gland et du pain d'avoine pour ne pas mourir de faim.

On a peine à se représenter des faméliques cherchant dans les bois environnants du gland pour s'en nourrir à défaut de pain, ou bien parcourant les rues, frappant à toutes les portes pour obtenir un morceau de pain, attendant chaque jour avec une anxiété fiévreuse le retour des commissaires en-

(1) Taine, *Histoire de la Révolution*, p. 496, t. III.
Cet auteur signale le district d'Argenton comme très éprouvé par la famine.

voyés par la municipalité dans les villes voisines pour acheter du blé.

Quelle ne devait pas être l'exaspération de ces pauvres gens obligés de recevoir à la place de blé quelques livres d'avoine destinée aux chevaux de l'armée! Et pourtant, c'est de l'histoire pure.

Ce qui est étonnant, c'est que nous n'ayons pas à enregistrer des attentats contre les personnes, des crimes sanglants, comme il s'en produisit dans d'autres communes. La ville de Saint-Gaultier conserva pendant cette crise terrible un calme relatif et pendant vingt-deux mois, supporta, sans trop se troubler, cette redoutable épreuve.

Au chef-lieu du district, se trouvait la *grange au blé* destinée à recevoir les grains en quantité suffisante pour approvisionner les communes les plus nécessiteuses. Pour aller acheter du blé dans une commune voisine, il fallait être muni d'un certificat du maire de sa commune et d'un second certificat émanant du maire de la commune où on achetait.

Les marchands de grains étaient l'objet d'une surveillance rigoureuse comme suspects d'accaparement (1).

Dans ces temps troublés, le conseil municipal était en permanence. Nous avons compté dans un seul mois jusqu'à quinze délibérations.

Au sujet de la famine, il se réunit pas moins de vingt-cinq fois. On peut dire à sa louange qu'il ne négligea rien pour soulager les malheureux, soit en adressant des pétitions pressantes à Argenton ou à Châteauroux, aux représentants du peuple, soit en déléguant des commissaires pris dans son sein, pour parcourir les foires et les marchés du département de l'Indre ou des départements voisins pour acheter du blé.

*
* *

La famine se fit sentir dès la première quinzaine de janvier 1793.

Le conseil se réunit le 13 pour parer à ce grave danger :

(1) A Montpellier, un boulanger fut guillotiné pour avoir *facturé*, caché et conservé une certaine quantité de galettes. Taine, III, 507 (notes).

Le Conseil général en permanence réuni le 13 janvier à quatre heures après midy, un membre a observé que la dureté des tems et les pluies continuelles, empêchant les ouvriers de gagner leur vie, il a été arrêté sur le champ qu'il serait acheté du bled pour cinquante livres par semaine jusqu'à concurrence de 400 l. Lesquels fonds seront pris dans la caisse du receveur de la charité de cette ville pour être distribué aux plus nécessiteux.

Signé : Peyrot-Desgachons, maire.

Le 18 avril, nouvelle délibération très alarmée :

Le Conseil général assemblé délibère sur les circonstances actuelles. Le citoyen maire a dit que les deux marchés qui se tiennent à Saint-Gaultier par semaine, n'ont pas été approvisionnés en grains de la dixième partie convenable à la consommation de la ville et des paroisses du canton et que cette pénurie affligeante nous menace d'une famine prochaine. Ledit conseil décide que trois commissaires seront pris dans son saing pour se transporter dans les villes de la Haye et dans celle de Châtelleraux et partout ailleurs pour acheter des grains.

Le 13 juin, le Conseil général assemblé, vu que les bleds manquent pour incidire *(sic)* en totalité aux deux marchés de cette ville et que l'on est totalement dépourvu ainsi que les paroisses voisines, que s'il n'était pas pourvu prochainement, la famine se ferait sentir, arrête que le citoyen Disle se transportera ès ville de Châtelleraux, la Haye et partout ailleurs pour acheter des grains.

***

En septembre 1793, un incident curieux à propos de la vente des blés, se produisit. Il mérite d'être mentionné :

Aujourd'hui, dimanche, huit septembre, à une heure après midy, est comparu (conduit par les gendarmes) le citoyen Dupertuis du village de Badecon, conduisant ses chevaux chargés de grains. Il dit avoir échangé onze boisseaux de bled et sept de seigle à la *fouère* de Migné pour des pelles en bois au citoyen Lavernatrie, demeurant au bourg de Migné.

Le blé est saisi et déposé à la maison commune, parce que cet homme n'était pas muni du certificat du maire de Migné. Le lendemain, on décida de laisser Dupertuis conduire son blé au Pin, parce qu'il était nécessaire à la subsistance des habitants.

Quelques jours après, le 13 septembre,

La municipalité arrête que les grains que le corps municipal a tiré pour la subsistance des habitants de cette commune de la ville de Châtelleraux, de celle de Richelieu, d'Angles, malgré qu'ils ont été acheptés à un prix exorbitant et conduit à gros frais, seront vendus au marché de cette ville au taux du maximum au fur et à mesure des besoins de cette ville et des habitants du canton.

Signé : Peyrot-Desgachons, maire ; Vilvaut, commissaire.

Aujourd'hui deux octobre, à neuf heures du soir, le conseil décide d'arrêter le grain qu'André, du Pécherau, enlève de la commune de Pezay pour la subsistance des habitants du Pécherau et cela à cause de l'extrême disette où sont réduits ceux de Saint-Gaultier, vu qu'ils n'ont d'autres ressources que celles de l'arrondissement de notre marché.

∴

Le onze octobre, le Conseil général assemblé, considérant que depuis le premier jour de septembre, les communes de Saint-Gaultier, Chitray, Thenay, Rivarennes, Pezay le joli, Nuret, Chasseneuil, Migné et Méobec qui composent l'arrondissement du marché de cette ville n'ont que l'approvisionnement de quatre-vingts boisseaux de différents grains pour chaque marché, tandis qu'il en aurait fallu au moins trois mille par semaine, que l'on a demandé le recensement des grains et des habitants de chaque commune, pour pourvoir à la subsistance de chaque citoyen jusqu'aux moissons prochaines, considérant que dans une position aussi triste que celle de la famine à laquelle nous touchons du doigt, il est nécessaire de pourvoir pour avoir du grain, deux membres du conseil seront envoyés au Directoire du Département afin d'aviser au moyen de procurer du grain pour la nourriture des habitants de cette ville et des huit autres communes qui l'avoisinent.

Signé : Peyrot-Desgachons ; maire, Baudet, Perussault, Cailleron, Tissier, Pascaud, Matheron, Duplessis, Peyrot-Desroches, Nepveu, Bobiet.

Réquisition de blé a Migné.

Le 23 octobre, nouvelle réunion du Conseil général et nouvelle délibération où il est dit que :

Les deux commissaires Vilvault et Tissier, nommés par le Directoire d'Argenton pour approvisionner du grain le marché de Saint-Gaultier, se sont transportés à Migné et ont réclamé au maire quatre-vingts boisseaux de bled que cette commune doit fournir chaque semaine.

Le maire répondit négativement.

Delà lesdits commissaires se sont transportés à Méobec pour réclamer au maire le contingent de soixante boisseaux de blé que devait fournir cette commune; le maire répondit qu'il ne pouvait les fournir comme il est facile de le voir par le recensement... sur quoy ayant mûrement délibéré, et considérant que les marchés de cette ville sont absolument nuls, en ce qu'il n'y tombe pas de grains, ce qui peut faire craindre une famine et un soulèvement très prochain qu'il est intéressant de prévenir; en conséquence, le Conseil décide qu'il sera envoyé dès demain deux commissaires, au Directoire du département de l'Indre pour aviser aux moyens les plus prompts pour faire approvisionner nos marchés; de faire fournir provisoirement par les communes de Migné et de Méobec chacune son contingent et d'empêcher la commune de Migné d'établir des marchés dans son sein, qu'elle a établis de son autorité privée depuis environ deux mois, contre l'esprit de la loi qui deffend aux bladiers, marchands de bled, d'acheter des bleds dans d'autres marchés que ceux établis avant 1790.

La commune de Migné fut contrainte de s'exécuter; mais vexés d'être obligés d'approvisionner le marché de Saint-Gaultier de leurs grains, les habitants en firent conduire soixante boisseaux par trente conducteurs, ce qui en augmenta considérablement le prix.

Aussi le 28 brumaire, le Conseil général montra-t-il son mécontentement dans les termes suivants:

Réunis en séance dans le lieu ordinaire pour pourvoir aux moyens d'approvisionner notre commune, et découvrir les causes de la disette des grains qui nous afflige, avons reconnu qu'une des principales tient à la malveillance des communes environnantes qui avaient coutume d'approvisionner les marchés de notre commune; que la commune de Migné s'étant rendu coupable en cherchant à éluder les réquisitions des commissaires de la manière la plus révoltante, que quant elle a fait fournir soixante boisseaux de grains, elle les a fait conduire par trente conducteurs, que cette conduite est doublement coupable en ce quel tente à rendre nulle les secours accordées qui sont presque entièrement consommé par les conducteurs et à faire perdre aux culvateurs *(sic)* un tems préssieux, de tout quoi nous avons dressé le présent procés-verbal pour être envoyé au procureur général du département qui est invitée à y faire droit.

Signé: Peyrot-Desgachons, maire;
Baudet, Baubiet, Peyrot-Desroches.

∴

Le lendemain, 29 brumaire, dans le Conseil général deux membres ayant observé que les habitants de cette commune sont dans la plus extrême misère et sont obligés de mourir de faim, que d'ailleurs, le consommation des secours en est plus considérable, occasionnée par les voyageurs qui vont et qui viennent de la Vendée, le transport des personnes détenues, des déserteurs et l'étape qui se tient en cette commune, il est décidé que le citoyen Pierre Bauhiet ira au district pour obtenir des secours, le plus promptement possible.

VENTE DES CLOCHES.

Huit jours après, le 5 frimaire, an II, le maire aux abois, probablement sur les injonctions des Directoires de Châteauroux et d'Argenton, pour sauver la vie à de malheureux affamés, crut devoir vendre les cloches de l'église au nombre de trois et une petite cloche qui était à la chapelle. Il est à remarquer qu'aucune délibération ne fut prise par le Conseil municipal. Du moins, il n'y en a pas de trace sur le registre ordinaire.

Voici le court procès-verbal de cet important et pénible événement qui dut vivement impressionner l'opinion publique.

Envoi des cloches de cette commune au district d'Argenton.

Aujourd'hui cinq frimaire de l'an second de la République une et indivisible, nous, maire et officiers municipaux soussignés, nous avons envoyé au district d'Argenton par le citoyen Regnoux, voiturier de cette commune quatre cloches provenant de la ditte commune, savoir, le n° 1, pesant 800 livres ; le n° 2, pesant 325 livres ; le n° 3, pesant 300 livres ; le n° 4, pesant 35 livres ; il en coûte, pour les faire descendre dix livres, quand à la voiture, nous espérons qu'elle sera payée par le Directoire du district d'Argenton.

Cette pièce n'est signée que par le maire et par un seul membre du Conseil.

VENTE DES VASES SACRÉS.

Le profit de la vente des cloches ne suffisant pas pour payer le blé, quatre jours après, en exécution d'une délibération prise par le Directoire de Châteauroux, les vases sacrés et divers objets du culte furent saisis et expédiés au district. Tout se fit avec la complicité du curé intrus, Pierre Vincent.

Voici le procès-verbal de cette douloureuse opération :

Le dix frimaire dix-sept cent quatre-vingt-treize, nous maire et officiers municipaux, et procureur de la commune, en exécution des délibérations du directoire du département de l'Indre, nous nous sommes transportés à l'église de cette commune accompagnés par le citoyen Joseph Burat, commissaire nommé par la Société populaire et François Tissot qui ne s'est pas trouvé à cause de son absence *(sic)*, et étant arrivé à ladite église où s'est trouvé le citoyen Pierre Vincent, curé de ladite commune, auquel nous avons fait part de notre mission, nous sommes entrés à la sacristie avec ledit curé qui nous a remis trois calices avec leurs trois patènes, un ciboire, un ostensoire, une custode, un vase pour l'huile des infirmes et un autre double pour l'huile des catéchumènes, le tout en argent, lesquels vasses *(sic)* pesant en argent 17 marcs 4 onces, y compris la glace de l'ostensoir ;

Plus, deux lampes en cuivre josne dont un argenté, deux bénitiers en cuivre josne, dont un argenté, un goupillon, deux encensoirs dont un en argent, une navette et sa cuillère argentée, le tout en cuivre josne ; plus, deux croix dont une argentée, un bâton de chantre avec un manche, les bâtons de croix et de chantre en bois et revêtus en cuivre josne et argenté, et l'autre croix n'ayant pas de manche; lesquels ustensiles en cuivre pesant 47 marcs ; le tout ainsi reconnu par le secrétaire du district d'Argenton.

C'est tout ce qui s'est trouvé d'argenterie et cuivre dans ladite église ; de là, nous nous sommes transportés dans une chapelle (1) sise dans un fauxbourg de cette commune où nous avons trouvé dans un coffre, un calice et une patène en argent, et nous avons enlevé tous les objets ci-dessus dénommés et les avons déposés à la maison commune, pour ensuite être transportés au district, dans le plus court délai.

PEYROT-DESGACHONS.

La curieuse lettre du maire, qui accompagnait les objets saisis à l'église, mérite d'être lue :

A Rochelibre (2), le 11 frimaire, l'an second de la République une et indivisible.

Citoyens,

Je vous fais passer les vasses de notre église avec tous les ustensiles en cuivre avec copie du procès-verbal, en vertu de l'arrêté du département de l'Indre, en date du 29 du second mois ; je vous prie de nous en accuser réception ; nous avons fait passer nos cloches, jalou de remplir l'intention de la nation, nous avons mis une petite cloche qui était à la chapelle, si cela ne vous apportait pas de difficulté, nous vous la redemanderions pour nous faire une cloche de règlement dans les écoles primaires, le citoyen Pacton a été député pour représenter nos vasses et autres ustensiles et faire la pétition pour la *close* (cloche) et pour le con-

(1) La chapelle de l'hôpital.

(2) Dans les actes de l'état-civil Saint-Gaultier est appelé Roche-Libre depuis le 23 frimaire an II jusqu'au 21 pluviôse an III. Ce nom disparaît à cette époque et on reprend l'ancienne appellation.

tingent du bled que le district voudra bien nous donner et plus qu'ils pouront, attendu notre grande misère, salut et fraternité.

Signé : PEYROT-DESGACHONS.

Le tout fut pesé en présence du citoyen Pacton et déposé à la maison commune d'Argenton. Tous ces objets pesaient : 17 marcs en argent et 47 marcs en cuivre : soit environ 6 livres d'argent et 16 livres de cuivre. C'était, en somme, un mince profit pour la commune. Le curé intrus eut-il soin de réserver pour le service du culte, du moins, le strict nécessaire ? Nous ne pourrions le dire.

UNE STATUE DE LA SAINTE VIERGE.

Nous pensons que ce fut à cette époque que se passa le fait suivant rapporté par feu M. Charles Desperrins. Son aïeul, Pierre Baudet-Desperrins, vivement affecté de ce qui s'était passé à Thenay où on avait brûlé un crucifix et des statues de saints, alla trouver son voisin Pacton et lui dit : « Il faut que nous sauvions la statue de la Sainte Vierge de la chapelle de l'hôpital (1) ; tu diras que tu vas au Blanc et moi que je vais à Châteauroux, à cheval, nous ferons un demi-tour et à minuit, nous nous réunirons à la chapelle ; nous cacherons la statue dans un trou pratiqué sous le pavé. » Ils exécutèrent leur courageux projet sans être inquiétés et repartirent à cheval dans des directions opposées. Quand ils revinrent, toute la ville était en émoi, à cause de ce qui avait été fait pendant la nuit. La statue resta ensevelie jusqu'en 1801.

Un jour, M. Metenier disait à M. Pierre Baudet-Desperrins : « Je voudrais bien savoir où est la statue de la Sainte Vierge ? » Il lui répondit en riant : « Je le sais, moi ! » et il lui indiqua l'endroit et l'on fit une grande fête le jour où on la retrouva.

*
* *

(1) Cette statue en pierre est encore dans la petite chapelle de l'hôpital, c'est Notre-Dame de Pitié.

La chapelle actuelle date de 1840 ; l'emplacement sur lequel elle a été bâtie, a été donné par M. Isidore Desperrins.

On remarquera le nouveau nom inventé par la Révolution pour désigner Saint-Gaultier, Rochelibre. Le nom d'un saint ne pouvait convenir à un régime fondé sur le matérialisme. Cela rappelle un citoyen d'Argenton demandant à la municipalité la permission de changer son prénom d'André pour celui de Manlius, sous prétexte que André était le nom d'un apôtre du *fanatisme*.

∴

Ces changements ridicules ne donnaient pas du pain au peuple. La famine continuait ses ravages. Les agriculteurs, en présence des troubles, perdaient confiance dans l'avenir. La municipalité inquiète dépêche deux de ses membres au Blanc pour demander vingt quintaux de blé par décades. La municipalité du Blanc refuse, 16 frimaire. Le 2 nivôse, MM. Peyrot-Desgachons et Baubiet vont à Châteauroux pour prévenir le Directoire que des troubles sont à craindre.

LA DISETTE EXTRÊME.

Le 27 frimaire, nouvelle pétition, nouveaux cris de détresse!

La municipalité, sur le rapport fait par les commissaires chargés de l'approvisionnement des marchés de ce canton qui lui ont dit qu'il était impossible de les approvisionner, si le département n'apportait pas un prompt secours, attendu que la subsistance de ce canton est tout à fait épuisée, que même le marché de demain n'aura pas le car de son approvisionnement, avec d'autant plus de raison que le contingent qui avait été accordé par le district d'Argenton ne s'est élevé qu'à huit quintaux de blé au lieu de vingt et qu'il est impossible de s'en procurer par ailleurs, en conséquence il a convoqué le Conseil général, le comité de surveillance, la société populaire pour aviser aux moyens les plus propres pour s'en procurer.

Sur quoy tous les corps assemblés ont arrêté qu'attendu que le district d'Argenton n'avait pas répondu aux justes réclamations qui lui avaient été faites de donner à ce canton la portion afférante dans les secours qui lui ont été accordés par le Département (car on ne peut pas appeler secours 25 quintaux par décade) que par ce moyen le peuple se trouvant dans la dernière misère et pouvant se porter à des extrémités fâcheuses, que par cela le salut publique et particulier pourrait se trouver compromis, attendu que dans une crise pareil, les soulèvements sont à craindre, arrête que les citoyens Peyrot Desgâchons maire, et Pierre Baubiet se présenteront devant le Département à l'effet de faire toute diligence et pétition requise en pareil occurrence.

Dans le mois de décembre 1793, 2 nivôse, les alarmes augmentent, les têtes s'échauffent. Le comité de surveillance s'unit à la municipalité de Rochelibre (Saint-Gaultier) pour délibérer :

Considérant que le bled disponible pour l'approvisionnement du marché de cette ville ne s'élève qu'à seize cents boisseaux sur une population de plus de cinq mille âmes et qui suffirait à peine pour trois marchés, considérant que s'il n'était pas pourvu prontement, les habitants seraient obligés de s'expatrier et laisser leurs familles et leurs travaux, que même les plus grands dangers seraient à craindre, considerant que toutes les parties de la République doivent s'entraider et secourir mutuellement comme frères, en conséquence, vu la pénurie de grains où se trouve ce canton fait annoncer au son de la caisse que les habitants eussent à s'assembler dans la maison commune, l'assemblée formée, la matière mise en délibération, a arrêté à l'unanimité que deux membres seraient envoyés par devant nos frères des differents districts et municipalités pour acheter des grains. Les citoyens Disle et Pérussault sont nommés commissaires *ad hoc*.

Le quatre nivôse, le Conseil général, considérant que les deux commissaires envoyés pour chercher des grains, n'ont rien trouvé et apprenant que la commune d'Assiau et celles des environs peuvent en fournir cent quarante mille boisseaux, ayant égard que les besoins sont plus pressants que jamais, nous avons choisi le citoyen Cailleron et Jean-Charles Burat-Dubois pour aller achepter les grains qui nous sont nécessaires.

Période aigue de la famine.

Nous arrivons à la période aiguë du fléau. Le mois de mars 1794 amène avec lui la misère noire. Les délibérations se multiplient en vain. Les voyages, les sollicitations, les efforts de tous sont impuissants à arrêter le torrent de malheurs qui s'abat sur Saint-Gaultier, on dirait qu'une fatalité pèse sur cette malheureuse ville.

Séance du huit pluviôse an II.

Le Conseil général assemblé... considérant que 750 citoyens manquent de pain et que les différents commissaires envoyés pour acheter du grain n'ont pu y parvenir, que quatre-vingt-dix boisseaux de grain envoyés par le district d'Argenton, n'ont pas suffi à faire subsister le quart de ceux qui étaient dans le besoin, considérant que la misère est si grande que quelques habitants en sont réduits à manger du gland, et que plusieurs étant venus au nom de l'humanité reclamer au bureau qu'il leur fût délivré quelques livres d'avoine que le citoyen maire a dans les greniers destinée aux chevaux de la République; l'objet mis en délibération et sur le ouï le substitut de l'agent nationale, le Conseil général a arrêté qu'il sera délivré dès ce moment trois livres de ladite avoine à chaque individus qui en ont le plus grand besoin, pour être employé à leur nourriture en attendant que nous puissions avoir d'autre secours, et nous nous sommes soussignés :

Peyrot-Desgachons, maire, Renaud fils, Arnoux, Peaussault, Baubiet, Disle, Anseau, Bertrand.

∴

Quatorze pluviôse, nouvelle délibération sur le même sujet.

Aujourd'hui quatorze pluviôse l'an second de la République, nous maire et officiers municipaux et membres du Conseil général de Rochelibre ci-devant Saint-Gaultier..., considérant que huit cents individus de cette commune sonts absolument sans pain, que le peu de grains qui nous est fourni par décades par le distrit d'Argenton, n'est pas suffisant à beaucoup près pour substentère la moitié des habitants, qu'il est interessant d'exposer au citoyen représentant du peuple qui est maintenant à Indreville département de l'Indre, les besoins des habitants de cette commune par la voix de deux commissaires qui seronts nommés à cet effet et l'inviter à nous procurer des secours dans le plus bref délai possible, l'objet mis en délibération, le Conseil a nommé Pierre Baubiet et Christophe Pascaud qui ont accepté la commission et ont promis de partir dais demain matin pour vacquer aux frais d'icelle.

∴

Dix-neuf pluviôse an II.

Le Conseil général de Rochelibre ci-devant Saint-Gaultier assemblé au eu ordinaire.

Considérant que sept cent cinquante individus sont absolument sans grain pour leur nourriture que le nombre va infailliblement augmenter, que le district d'Argenton ne nous a fournis pour notre contingent que cent cinq boisseaux de bled pendant les trois dernières décades, que les citoyens Tissier et Baudet ne nous onts procuré des marchés de Ligueil, Saint-Maur et La Haye depuis le quatre de ce mois que cent quarante-six boisseaux de bled mesure de cette commune du pois en froment de vingtcinq livres l'un, que pour empêcher de mourir de faim la plupart des habitants de cette commune nous avons été forcés de leur délivrer par décade trois livres d'avoine à chacun deux, que malgré ces précautions, quelques uns d'entre eux ont été réduits à manger du gland, pour prévenir l'horreur de la famine à laquelle nous ateignons, nous avons cru qu'il était indispensable de nommer deux commissaires pour se transporter dans différents départements avoisinant celui de l'Indre et partout ailleurs où besoin sera pour acheytère des grains, en conséquence avons nommé les citoyens Pierre Dériberé et Gabriel Beaufort lesquels ont accepté leurs commissions.

Recours au représentant du peuple.

Séance du 24 pluviôse.

Aujourd'hui, vingt-quatre pluviôse an second... le Conseil général, considerant que huit cents habitants de cette commune sont absolument sans pain, que le district ne nous a pas fourni le contingent que nous avions droit d'esperer par décade, qu'ayant invité les administrateurs de ce district d'Argenton par un commissaire de nous donner dès demain les grains qui nous reviennent pour la décade actuelle mais encore des décades arrierées, ils nous ont faits dire verbalement qu'ils ne pouvaient nous donner dès demain que quarante et un boisseaux de bled, en supposant que ce fût du froment, il le réduisait à dix quintaux, vingt-cinq livres, comme ces grains ne sont pas suffisants pour nous débarrasser de la famine qui nous accable, qu'il est nécessaire d'envoyer deux commissaires près du citoyen Michaud représentant du peuple pour l'inviter de venir à notre secours, nous avons nommé Pérussault de Turpin et Gabriel Beaufort qui ont accepté la commission.

∴

A partir de ce moment le registre des délibérations ne mentionne la situation gênée de la ville de Saint-Gaultier au point de vue des approvisionnements qu'en avril, en août et en décembre.

Le quatre germinal, le Conseil général de la commune, en vertu de la délibération du Directoire du district d'Argenton en datte de ce jour qui nous invite à nommer deux commissaires pour se transporter dans le district d'Indremont à l'effet de recevoir les bleds dudit district pour être conduit en celui d'Argenton, en conséquence avons nommé les citoyens Baubiet et Pascaud, qui ont sur le champ accepté leur commission.

Le dix-sept messidor, la municipalité assemblée, après avoir entendu l'invitation qui lui a été faite par deux membres de la Société populaire de nommer deux commissaires à l'effet de visiter les bleds de cette commune qui sont sur pied et ceux qui sont les plus murs, pour inviter les propriétaires à qui ils appartiennent de les couper et en aider ceux de notre commune qui en ont le plus besoin; a nommé les citoyens Disle et Cailleron, lesquels présents ont accepté et se sont soussignés avec nous officiers municipaux et les membres du Conseil, sauf le citoyen Pacton, officier municipal et Henri Rocherau, notable, qui ont déclaré ne le savoir, fait au bureau, séance publique et permanente.

Pour faciliter l'approvisionnement de la ville et du canton, on avait établi trois marchés par décades, cette innovation n'avait pas réussi, on résolut, de réduire les trois marchés à un seul et de choisir le dimanche pour la tenue de ce marché.

Aujourd'huy quatre fructidor, l'an second de la République française une et indivisible, la municipalité assemblée en son lieu ordinaire, considérant que les trois marchés par décade sont mal approvisionnés, que les colons perdent beaucoup leur tems pour l'amener aux marchés (le blé); que les individus qui sont obligé de venir l'achetter perdent également une portion considérable de leur temps et qu'il en coutent bien des frais aux propriétaires qui s'approvisionnent, de l'avis des municipalités, qui sont tenus d'approvisionner ledit marché, et sur le ouï l'agent national, il a été arrêté qu'il n'y aurait plus qu'un marché qui tiendrait tous les huit jours, le dimanche (vieux style), jusqu'à ce qu'il en soit autrement arrêté, fait et arrêté les jours, mois et an que dessus.

∴

Le vingt-six brumaire des commissaires sont envoyés dans chaque commune pour faire le recensement des ensemencements des terres en blé et en seigle : à Rivarennes, c'est le citoyen Baubiet; à Thenay, Blaise charpentier; à Chitray, Dufresne père; à Nuret, Rachepel; à Pezay, Tillier ; à Rochelibre, Plassat.

Prix des grains.

Deux jours après, le 28 brumaire, en exécution de la loi du 18 brumaire touchant la fixation du prix des grains, paille et foin qui porte le maximum de ces objets aux deux tiers en sus du prix de 1790, la municipalité, après avoir consulté la mercuriale des marchés de cette commune de l'année 1790,

Observe que le quintal en blé froment vallait treize livres dix sols; le seigle, dix livres dix sols; l'avoine, sept livres huit sols; la paille, trente sols; le foin, deux livres quinze sols; en avons envoyé à l'état ou district d'Argenton.

Il faut croire que la récolte avait été bien mauvaise, puisque en décembre 1794, en plein hiver la municipalité alarmée prend la délibération suivante :

Aujourd'hui douze frimaire an trois, la municipalité ouï le rapport de l'agent national concernant les subsistances, attendu que le peuple de notre commune est réduit aux derniers expediants, que nous n'avons point de bled pour distribuer, que trois décades sont écoulés depuis que le district nous a accordé sept quintaux de grains, que nous avons eu de Tournon, que depuis cette époque il ne nous en est point parvenu, la municipalité a, de concert avec le Conseil désigné les citoyens Perussault, Turpin et Dériberé Desgardes pour se transporter vers le district afin d'y exposer notre détresse et demander les secours dont nous avons le besoin le plus urgent (1).

Cette délibération est la dernière qui ait été prise concernant la disette qui sévit si longtemps sur Saint-Gaultier.

Maintenant que nous avons terminé le récit de ce triste épisode de la famine, nous reprenons celui des événements de l'année 1794.

Fête patriotique.

Une cérémonie patriotique, à l'occasion de la prise de Toulon où se distingua le jeune lieutenant d'artillerie Bonaparte, vint faire une heureuse diversion aux angoisses de la famine; à Saint-Gaultier, cette fête eut lieu le 18 nivôse an second.

Les corps se sont assemblés et ont été suivis d'une grande affluence de peuple et tous se sont transportés hors de la ville où était disposé un tas de fagots en pyramide; le maire et *la gens* nationale ont mis le feu et pendant le brulement, citoyens et citoyennes ont chanté des *hymes* civiques, analogue à la fête et ont répété plusieurs fois : vive la République!

Un mois après, eut lieu la cérémonie de la plantation des arbres de la liberté.

« Entre le puis de la commune et le temple de la Raison deux hormeaux ont été plantés le 12 ventôse. »

C'est la période de la folie anti-religieuse. Le 10 novembre

(1) Le sel se vendait 23 sous et demi la livre.

le culte catholique a été aboli et remplacé par le culte de la Raison. Les évêques constitutionnels donnaient l'exemple des plus tristes scandales, Gobel, évêque de la Seine et ses vicaires épiscopaux abjuraient leur sacerdoce ; Héraudin, à Châteauroux, donnait sa démission avec cinq vicaires épiscopaux (1). Il se retirait dans la paroisse de Poulaines avec 1200 livres de pension, en attendant de meilleurs jours. L'an VI, il se fit nommer curé de Valençay ; c'est là que l'ex-évêque finit ses jours à l'âge de 78 ans, réconcilié avec l'Eglise.

Fête de l'Être suprême.

La Convention, à la demande de Robespierre, avait reconnu l'existence de l'Être suprême et l'immortalité de l'âme. Pour entraîner l'adhésion des populations, on célébra une fête solennelle par toute la France. A Saint-Gaultier, l'initiative vint de la Société populaire, car cette petite ville, à l'imitation des grandes cités, avait sa société populaire, sorte de club qui se réunissait presque tous les soirs dans l'église ou dans une des salles du collège. Là, chaque citoyen avait le droit de prendre la parole pour traiter les questions du jour.

La Société populaire.

Cette société fut d'abord présidée par Dériběré Desgardes, puis par Lescot fils. On s'y occupa de préparer la grande fête de l'Être suprême fixée au 7 juin. Claude Ravet-Duvignaud, officier de santé, sans doute distingué par ses collègues pour ses goûts artistiques, fut chargé de l'ornementation du temple de la Raison (l'église). Il s'y prêta de la meilleure grâce du monde. Qu'on lise le procès-verbal suivant :

(1) Héraudin avait pour vicaires épiscopaux, Salomon, Renom, Boiron, Delaporte, Chicheri, Fauconneau, Legrand. Il donna la consécration à trois évêques intrus, l'institution canonique à Suzot, curé d'Ecueillé, devenu évêque d'Indre-et-Loire. Il fit quelques ordinations, entre autres celle de Dubrac, vicaire de Pouligny-Saint-Pierre. Dans les lettres de prêtrise, il avait soin de se dire : *episcopus misericordiâ Dei et in communione sanctæ sedis.*

Société populaire de Saint-Gaultier ou Roche-Libre.

Séance du 29 floréal an second de la République.

.., Le citoyen Claude Ravet, officier de santé, a demandé la parole et a dit que l'assemblée l'avait invité à donner un plan de la montagne et de l'autel de la patrie, actuellement élevé dans ce temple ; qu'aussitôt cette invitation, il s'était livré en vrai républicain et avec le plus grand plaisir non seulement à donner le plan mais encore à décorer et à orner, autant qu'il était en lui, la montagne et l'autel, soit par les couleurs chéries de la nation, soit autrement ; qu'il avait fini aujourd'hui sa tâche honorable, qu'il désirait avoir réussi à la satisfaction de tous ceux qui entrent dans ce temple ; l'assemblée a applaudi et a voté des remerciements au citoyen Ravet. Désormais ce temple sera dédié à l'Être suprême.

En outre la Société populaire a invité le citoyen Ravet à accepter un tableau qu'elle a à sa disposition....

Un membre a demandé que les commissaires envoyés à Argenton pour demander à ce district de faire l'abandon du corps de bâtiment qui compose la grange et le pressoir du ci-devant prieuré de Saint-Gaultier, un des deux commissaires ayant obtenu la parole a dit que le directoire avait répondu qu'il n'avait pas ce droit ; que quand ce corps de bâtiment serait à vendre, la commune de Rochelibre pouvait l'acheter si elle le trouvait bon (1).

*
* *

Dans la séance du 4 prairial, la société populaire demande que la municipalité choisisse un instituteur capable d'élever les enfants de Rochelibre dans des principes vraiment républicains.

LES SÉANCES DU SOIR.

Le 6 du même mois, la séance s'ouvre à 7 heures et demie du soir. On ne s'y ennuya pas.

... Le citoyen président a ouvert la séance par la lecture du procès-verbal de la séance précédente, l'assemblée consultée sur sa rédaction, l'a acceptée. Après la lecture des nouvelles du jour, les citoyennes invitées par les sociétaires ont chanté plusieurs hymnes patriotiques au grand plaisir et aux applaudissements de tous les spectateurs ; ensuite l'assemblée a demandé la levée de la séance et le président par son organe l'a levée et a indiqué la séance suivante pour le huit du courant.

(1) La municipalité aurait voulu abattre ces bâtiments et tracer un chemin sur l'emplacement pour « aller au porre ».

Le huit prairial, la séance fut ouverte de la même manière que la précédente. Après la lecture des nouvelles du jour,

« Les citoyennes chanteuses, sur une observation d'un membre, ont chanté une hymne sacrée à la liberté de ce qu'elle a bien voulu accorder aux défenseurs de la République tous les heureux succès qu'ils ont eus sur les ennemis de la liberté et de l'égalité, énoncées dans les susdites nouvelles. »

Puis un membre a dit que le temple de la Raison allait être consacré dans peu à l'Être suprême et que ce serait un lieu où tout bon républicain devait se tenir avec beaucoup de respect et y tenir le plus profond silence; c'est pourquoi il ne convenait pas que l'on y tînt habituellement les séances et qu'il fallait se retirer dans la salle du collège; ce qui a été adopté, excepté pour les jours de décades, où elles se tiendraient dans le temple de l'Être suprême.

Le 13 prairial, on s'occupe de nouveau des préparatifs de la fête de l'Être suprême, on invite tous les citoyens à orner leurs fenêtres de rubans tricolores et de toutes sortes de fleurs.

Belle motion.

Le 22 prairial, un membre a dit que la malveillance avait essayé en vain de détruire dans les cœurs l'idée de l'existence de l'Être suprême et de l'immortalité de l'âme qui est un rappel continuel à la justice; cette même idée étant donc sociale et républicaine et que pour l'avoir toujours présente à la mémoire, il demandait qu'il fut fait un vœu à la municipalité pour qu'elle fît mettre, au-dessus de la porte du temple de l'Éternel, cette inscription : « Le peuple français reconnaît l'existence de l'Être suprême et l'immortalité de l'âme. » La motion appuyée et mise aux voix, il a été arrêté que la municipalité serait invitée à faire mettre l'inscription susdite.

Signé : Arnoux, président ; Pacton, secrétaire.

Il est fâcheux que l'on ne connaisse pas l'auteur de cette motion ; elle révèle un esprit élevé.

Projet de démolition du clocher.

Pendant le mois de messidor, la municipalité eut à s'occuper de choses bien graves : de la démolition du clocher, du salaire des ouvriers, de l'instruction des enfants, etc. Elle subit l'impulsion de la Convention. Elle marche sans conviction, en suivant le mouvement. Elle n'a pas le courage de faire opposition à ses stupides décrets. C'est ainsi que le 4 messidor, la question de la démolition du magnifique clocher qui domine le chœur de l'église fut mise en délibération.

Aujourd'hui quatre messidor l'an second de la République, nous maire et officiers municipaux assemblés au lieu ordinaire des séances, à huit heures du matin, à l'effet de procéder à l'adjudication au rabais des travaux nécessaires à la démolition du dôme du clocher de la ci-devant église de cette commune ; nous sommes restés en la chambre commune jusqu'à l'heure de midi ; personne ne s'étant présenté pour entreprendre ledit ouvrage, même après avoir de plus fait publier et afficher ladite adjudication dans les différentes commune district, nous avons dressé le présent procès-verbal pour servir et valoir ce que de raison.

On peut supposer que les membres du conseil ne regrettèrent nullement le résultat négatif de cette sauvage entreprise. Aucun ouvrier ne voulut s'en charger ; cela fait grand honneur à la population.

L'INSTRUCTION.

La question de l'instruction primaire préoccupait nos édiles. Les parents se refusaient à envoyer leurs enfants dans des écoles d'où l'enseignement religieux était banni. D'autre part, il semble bien que les instituteurs fussent rares, puisque le conseil municipal avoue qu'il ne peut en trouver.

Le 9 messidor le corps municipal assemblé, vers deux heures après midy, considérant qu'il est douloureux de voir les enfants croupir dans la plus profonde ignorance, sur la convocation faite aux pères de famille de s'assembler à la maison commune pour nommer un instituteur et une institutrice pour enseigner les jeunes gens de l'un et l'autre sexe, le citoyen Persiguière (1) de la commune de Bélâbre a été nommé à l'unanimité et la citoyenne Jeanne Nepveu qui a accepté.

Persiguière ne fit que passer ; un mois et demi après sa nomination, la municipalité se réunit pour procéder à son rem-

(1) Ce Persiguière devait être le frère de M. Persiguière, curé de Saint-Hilaire, pendant la période révolutionnaire.

placement; mais il ne se présenta personne, dit le procès-verbal de la séance, pour occuper cette place, qui resta vacante pendant six mois.

Six mois après, le citoyen Pierre Sabroux est élu par le jury d'instruction instituteur à la place de Persiguière. L'école est destinée à recevoir les enfants de Saint-Gaultier, de Chitray, des Chézaux et autres villages formant la population requise. Pierre Sabroux eut pour successeur son fils, Jacques Sabroux, auquel on réclama un certificat de civisme.

Louis Bonnet succéda à Jacques Sabroux qui, lui-même, fut remplacé le 13 brumaire an XIII, par Jacques Coulon, professeur au collège de Moulins. Ce dernier, selon le tarif proposé par la municipalité, faisait payer aux enfants 1 fr. 25 et 2 fr. par mois, avec quatre places gratuites.

LE SALAIRE DES OUVRIERS.

Il est intéressant de voir la municipalité de Saint-Gaultier se préoccuper du sort des ouvriers et s'appliquer à résoudre la délicate question du minimum du salaire.

Le quatre messidor an second... La municipalité de Saint-Gaultier, voulant se conformer au décret du comité du salut public concernant la taxe des journées des maneuvriers et de tous ceux qui s'occupent habituellement des travaux des champs pendant la récolte a mis en réquisition tous les hommes et toutes les femmes qui ont coutume de moissonner et a fixé le prix de la journée des hommes à vingt-quatre sols par jour, celui des femmes à douze sols et la tâche d'un homme pour le temps de la moisson à trente livres, et seront nourris comme c'est l'usage. Sans nourriture, le moissonneur aura vingt-cinq sols à la boisselée. La journée d'un cheval avec un homme trois livres; une voiture avec quatre bœufs et deux hommes, sept livres; les hommes et les bêtes seront nourris. Les femmes sans être nourries, vingt-cinq sols et les hommes quarante-cinq sols.

On requisitionna 47 hommes et 16 femmes. Au moment des vendanges, les hommes en état de porter *les sommes*, furent taxés à 25 sols; les femmes à quinze sols, « dans le fort des vendanges » (1).

(1) Parmi les ouvriers et ouvrières réquisitionnés pour les travaux des moissons, nous avons relevé les noms suivants :

Silvain Delhomme, Pierre Maugrion, François Danjau, Silvain Baudet, qui ont

La loi des suspects.

La loi des suspects n'était pas lettre morte à Saint-Gaultier ; un comité de surveillance avait été établi et fonctionnait avec activité. Les délations allaient leur train. Le rapport suivant en donnera une idée :

Le onze messidor an II, d'après l'invitation du comité de surveillance pour prendre des renseignements sur la conduite, le caractère, les opinions politiques des citoyens Simon Maron et Burat-Dubois, actuellement détenus à la maison d'arrestation d'Indreville, il a été procédé à l'examen de la conduite de Maron. Le maire interrogé sur la conduite, le caractère, opinions politiques, liaison de Maron, savoir si depuis 1789 au 10 août, à la mort du tyran, dans les crises de la guerre, il n'avait pas signé des arrêtés liberticides, a répondu n'avoir eu aucune connaissance de tous ces faits. Les officiers municipaux ont affirmé la même chose.

En marge du registre des délibérations, on lit les trois notes suivantes :

1° Le maire dit savoir seulement qu'un jour dont il n'est pas mémoratif que quatre ou cinq personnes de la Société populaire vinrent à la municipalité et me dirent d'envoyer chercher le citoyen Maron qui vint, auquel on demanda s'il n'avait pas un écrit ou une proclamation des brigands (1) lequel dit l'avoir donnée aux personnes, qu'on lui dit d'aller les chercher ; il partit et il fut dans quelques maisons et retourna disant que la personne à qui il l'avait confiée, l'avait fait brûler ; lequel Maron sortit plusieurs feuilles d'un journal de sa poche et dans l'une desquelles une proclamation des brigands, qu'il dit être la même que celle que l'on a fait brûler, laquelle proclamation était piquée à deux ou trois endroits de guillemets ;

2° Le maire a dit sur Burat-Dubois qu'il lui avait seulement reconnu des opinions religieuses ainsi que le citoyen Pacton ;

3° Le citoyen Disle lui dit avoir vu entre ses mains une proclamation des brigands, tendant à la religion, qu'il lui conseilla de la faire brûler, qu'il lui demanda où il l'avait prise, il dit l'avoir prise au Blanc ; le citoyen Matheron fait la même déclaration que le citoyen maire.

Pourquoi Burat-Dubois et Maron ont-ils été condamnés à

coutume de quitter le pays lors des récoltes ; Antoine Divernaud, Pierre Gilet, Jean Quinquenet, etc. qui ont coutume de rester.

Parmi les femmes :

La Patrine, la Cossine et sa fille, la Baujarde, la fille Baujanne, la fille de Georges Rouet, la fille de Pierre Mervillaud, etc. qui ont coutume de rester.

(1) On désigne par mot de brigands, les armées vendéennes et les royalistes.

la prison ? Nous n'avons pu le découvrir. On peut seulement conjecturer qu'à cette époque où régnait Robespierre, les moindres signes de modérantisme suffisaient pour tomber sous l'odieuse loi des suspects.

M. METENIER SORT DE PRISON.

L'an III amena un semblant de réaction ; le 3 ventôse l'exercice du culte est déclaré libre ; mais il est défendu aux prêtres non salariés de paraître en soutane ; les cendres de Marat sont jetées au vent, sa mémoire vouée à l'exécration générale ; quinze églises de Paris furent ouvertes au culte ; les ecclésiastiques furent cependant contraints de faire une déclaration de soumission aux lois de la République.

C'est pendant cette trop courte réaction que M. Metenier obtint son élargissement. Depuis près de trois ans il était sous les verrous comme un vil malfaiteur. La société populaire, qui comptait dans son sein des membres bien intentionnés, adressa à Châteauroux une pétition en sa faveur.

Le 2 germinal an III, la société populaire dit que :

> Le citoyen Joseph Metenier n'ayant pu à cause de son infirmité quitter le sol de la République, depuis environ trente mois, il est dans une maison de réclusion, à Châteauroux. Considérant que pendant qu'il était vicaire, puis curé et supérieur du collège, il a fait beaucoup de bien aux pauvres, qu'il a été toujours pacifique, on demandera à la municipalité de demander au citoyen Cherrier, représentant du peuple, de faire élargir le citoyen Metenier.

C'était à l'instigation de M. Metenier, lui-même, que cette démarche était faite ; la municipalité, sans hésiter, obtempéra aux vœux de la population et le vénérable prisonnier fut libéré.

Mais l'église lui était encore fermée ; il ne pouvait célébrer sa messe que dans une maison privée, chez Mme Godin (1).

(1) On raconte que Mme Godin avait une grande armoire dans laquelle elle cachait l'autel et tous les objets de culte qui servaient à la célébration de la messe. Ce renseignement nous a été fourni par M. A. D., arrière-neveu de Mme Godin.

Sachant les bonnes dispositions de la municipalité à son égard, il se résigne à faire un acte de soumission :

Le 25 prairial, an III, est comparu devant nous le citoyen Joseph Metenier, ex curé de Saint-Gaultier, lequel nous a représenté qu'à la demande de la très grande majorité des habitants, son intention est de remplir le ministère religieux du culte catholique, apostolique et romain, dans l'église de cette commune, mais qu'il ne le peut faire qu'autant que la municipalité lui aura donné acte de sa soumission aux lois civiles de la République, qu'en conséquence et en exécution de l'art. 5 de la loi du onze du mois, il déclare qu'il se soumet auxdites lois en ce qu'elles n'auront rien de contraire à ladite religion, promettant, en outre, de maintenir de tout son pouvoir le bon ordre et la tranquillité publique, à quoi adhérant et pour lui faciliter l'exercice de son culte, nous avons fait acte de sa déclaration, de laquelle il lui sera délivré copie et a, ledit Metenier, signé avec nous.

Signé : METENIER, PEYROT-DESGACHONS.

On remarquera que M. Metenier ne promet de se soumettre qu'aux lois civiles. Quelques jours après, le 5 messidor, l'abbé Pascaud Etienne-Christophe se présente lui aussi à la municipalité pour faire une déclaration identique à celle de M. Metenier.

Est comparu devant nous le citoyen Etienne-Christophe Pascaud, ministre du culte catholique résidant en cette commune, lequel pour se conformer à l'art. 5 du décret de la Convention nationale du onze prairial, relatif à l'exercice du culte dans les églises a, en notre présence, déclaré vouloir bien se soumettre aux lois de la République, toutefois compatibles avec le culte catholique, apostolique et romain qu'il professe, à l'effet de pouvoir exercer le ministère, tant dans l'église de ce lieu que dans le terriroire de cette même république ; laquelle déclaration il a signée avec nous.

Etienne-Christophe Pascaud, qu'il ne faut pas confondre avec Michel Pascaud, ancien professeur du collège, en la circonstance actuelle et sans doute par l'influence salutaire de M. Metenier, a montré un vrai courage.

La démarche de M. Metenier n'aboutit pas ; il la renouvelle le 14 fructidor. Le 20 vendémiaire an IV, il fait un serment ou plutôt la déclaration suivante :

Devant nous est comparu le citoyen Joseph Metenier lequel a fait la déclaration suivante : « Je reconnais que l'universalité des citoyens est le souverain et je promets soumision et obéissance aux lois de la République ; » nous lui avons donné acte de cette déclaration.

Signé : METENIER, PEYROT-DESGACHONS (1).

Pour assurer son succès, il donna rendez-vous à toute la population, à la maison commune, et là, ensemble, ils demandèrent l'ouverture de l'église.

Aujourd'hui, vingt vendémiaire an IV, sont comparus la majorité des citoyens de cette ville avec le citoyen Metenier qui ont déclaré qu'ils prenaient pour le lieu de leur culte l'édifice appelé église, situé dans cette commune et ont demandé que l'expédition de cette déclaration soit envoyée au greffe de la police correctionnelle de ce canton, conformément au décret sur la police des cultes.

Il semble bien que le résultat de cette déclaration et de cette manifestation populaire fut nul.

*
* *

Vers la même époque, quatre religieuses résidant à Saint-Gaultier, pour pouvoir recevoir la pension alimentaire à laquelle elles avaient droit, firent, elles aussi, leur soumission aux lois. Ce furent : Elisabeth Godin, Célestine, Prudence et Julie Bouër. Ce sont ces mêmes religieuses qui recevaient l'hospitalité chez Mme veuve Godin.

PÉTITION DE Mme DE LA ROMAGÈRE.

Les dispositions relativement bienveillantes de la municipalité de Saint-Gaultier inspirèrent confiance à deux dames de grand nom, ruinées par les mesures prises contres les émigrés.

Voici leurs pétitions adressées à la mairie :

Le 24 brumaire an IV.

La citoyenne la Romagère envoie une pétition datée du 17 courant. D'après la loi qui ordonne aux femmes d'émigrés d'aller demeurer dans les communes qu'elles habitaient en 1792, je vous envoie un certificat du

(1) Cette déclaration de soumission à toutes les lois, sans exception, est en contradiction absolue avec tout le passé de M. Metenier. Pourquoi a-t-il fait cette dangereuse concession ? ?...

médecin qui vous prouvera que je ne suis pas dans la situation d'obéir à la loi ; j'espère bien que par humanité vous m'accorderez bien un sursis afin de rétablir ma santé qui est dans le plus grand délabrement. En outre, vous voudrez bien examiner, si habitant le chef-lieu de mon canton, la loi me concerne ; pour moi je ne puis le croire, puisque le but de cette loi est de me placer sous la surveillance des autorités constituées ; je ne puis mieux y être qu'au chef-lieu de canton où réside la municipalité centrale, plutôt que d'habiter dans une campagne isolée et éloignée de près de deux lieues du canton. Je vous ferai observer, citoyens, que tous mes meubles sont restés à Châteauroux ; c'est pourquoi vous voudrez bien me laisser le temps de rétablir ma santé et de faire venir mes meubles.

Signé : LA BALME DE LA ROMAGÈRE.

La municipalité fit bon accueil à cette demande en permettant à l'exposante de résider à Saint-Gaultier, « si les administrateurs du département le jugeaient convenable ».

Nous supposons que la peur des brigands qui pillaient les châteaux, pendant la nuit, inspira à Mme de la Romagère le désir de quitter sa demeure entourée de forêts, pour venir se réfugier au canton.

Cette peur était loin d'être chimérique ; car c'est vers cette époque néfaste qu'une bande de *chauffeurs*, dans la nuit du 20 ventôse an IV, s'emparèrent du château de Rochefort, sur les bords de la Creuse, entre Le Blanc et Fontgombault et contraignirent le fermier, par la torture du feu, de leur livrer une grosse somme d'argent, 17.000 francs (1). Il n'est donc pas étonnant que la terreur régnât partout et surtout dans les châteaux complètement isolés comme celui de la Romagère.

PÉTITION DE Mme DU LIGONDAIS.

Vers la même époque, le 1er frimaire, le maire reçut d'une dame du Ligondais une demande presque analogue à celle de Mme de la Romagère. Il lui fut répondu en ces termes :

Vu la requeste de la citoyenne Madeleine-Adelaïde du Ligondais, tendant à obtenir la permission de résidence à Conives, commune de Thenay, l'administration a délibéré ; considérant que l'exposante est connue, que la vente de ses biens, fond et meubles, dans la commune de Droué (Haute-Viene) il ne lui reste d'autre résidence que Conives, chez le citoyen

(1) M. de la Tremblais (*Mélanges*, p. 17 .) *Revue du Centre* (15 août 1889).

du Ligondais, son père, où elle peut plus particulièrement être surveillée, est d'avis de permettre à l'exposante de résider à Conives.

L'AGENT NATIONAL ANARÉTORAIT.

Pendant l'an IV, qui fut une année pleine de troubles, nous voyons paraître sur la scène un personnage étranger à la contrée, du nom d'Anarétorait, nommé agent national par le Directoire du département. Les cinq points qui ornent régulièrement sa signature nous porteraient à croire qu'il faisait partie d'une société secrète. Cet homme a joué le rôle de proconsul sous l'œil bienveillant de Burat-Dubois, président de la municipalité. (Le titre de maire avait été changé pour celui de président.)

Anarétorait prit diverses mesures de police qui méritent d'être signalées.

Le 20 pluviôse l'agent national prévient tous les citoyens qu'il est défendu de troubler le repos public dans aucune circonstance, tel que d'hurler aux fenêtres ou portes, injures, démonstrations, menaces et autres ; il déclare que s'il lui est fait de nouvelles démonstrations sur les faits énoncés, il leur appliquera les lois y relatives, sans ménagement.

Ce que l'on comprend le mieux dans ce langage amphigourique, c'est l'accueil peu sympathique que la population avait fait à ce fonctionnaire.

GARDE NATIONALE.

La garde nationale avait reçu un commencement d'organisation le 26 brumaire an II.

Parce qu'à cette époque, dit la délibération municipale, on avait observé qu'un grand nombre de rebelles de la Vendée ayant échappé à la *vendange* (*sic*) (la vengeance) nationale, se répandaient sur les différents points du département pour exercer leur brigandage ordinaire, qu'il importait pour la sécurité publique de s'opposer aux nouvelles tentatives de ces rebelles et s'assurer de leur personne, on propose de faire monter la garde nuit et jour, pour arrêter les voyageurs, visiter leurs papiers. Il a été décidé que la garde serait montée et qu'elle arrêterait tous les passants, voyageurs qui seraient tenus d'aller à la municipalité montrer leurs papiers ;

Que tous ceux qui paraîtraient suspects seraient conduits à la maison d'arrêt et dans la huitaine au chef-lieu du département.

Deux ans après, le citoyen Fontaine, maire, avoue que l'organisation de la garde nationale est restée à l'état de projet.

Nos efforts, dit-il, ont été sans le succès que nous devions nous promettre. Faisons de nouveau connaître l'importance de cette mesure salutaire; la loi le commande, notre sécurité l'exige.

Réglement de la garde nationale.

Art. 1er. — Il est défendu à tout citoyen appelé à monter la garde de se permettre rien de malhonnête envers personne;

Art. 2. — Le silence le plus profond doit régner dans le corps de garde;

Art. 3. — Il est défendu à tout citoyen de quelque sexe et âge qu'il soit de tourner en ridicule aucun factionnaire sous peine de prison.

Art. 4. — S'il se présentait quelque garde pris de vin, il sera rejeté et mis en prison.

Art. 5. — Il est défendu de s'absenter du poste.

Art. 6. — Le commandant donnera le mot d'ordre tous les soirs à 4 heures.

Signé. P. Anarétorait, agent national.

Mesures de police.

Le 24 ventôse an IV, l'agent national arrête :

Tous ceux qui répandront des nouvelles alarmantes seront arrêtés et punis de vingt-quatre heures de prison, s'ils ne prouvent pas leur bonne foi.

Il est défendu de chanter le *Reveil du peuple* proscrit par un arrêté du Directoire exécutif.

Il est défendu d'amasser des chénevottes chez soi sous prétexte d'allumer du feu, ce qui pourrait occasionner les plus grands maux.

Il est défendu de refuser la monnaie de cuivre frappée au coin de la République sous peine de punition rigoureuse;... défense de glisser sur la rivière sous aucun prétexte sous peine d'amende et de prison ;... défense de jouer aux quilles dans les rues, de jeter par les fenêtres, dans les chemins ou les places publiques les pots de chambres, vases qui pourraient contenir matières infectes.

Four banal.

Le 3 floréal an IV, défense est faite aux fourniers des fours banaux de prendre plus d'un sou six deniers par boisseau de vingt-cinq livres pour la cuisson du pain.

Les deux fours banaux sont affermés 40 livres aux citoyens Germain, père et fils ; la grange 16 livres et les trois cuves du pressoir 37 livres (1).

LES SOULIERS DÉCADAIRES.

Ce fut pendant le mois de ventôse an IV, que fut appliquée l'étrange loi du 14 ventôse an II, portant que chaque ouvrier cordonnier (Pepin, Coret et Isaac) était tenu de fournir deux paires de souliers par décade (appelés pour cela souliers décadaires) pour le service militaire :

Au prix justement arbitré, sous peine d'amende de cent francs, un commissaire intègre est nommé pour visiter ces souliers et contrôler la façon.

On les payait cinq francs la paire et quatre francs, s'ils étaient de valeur inférieure.

L'EMPRUNT FORCÉ.

Pendant ce même mois, le citoyen Pascaud-Lajonchère, percepteur des contributions de Saint-Gaultier, chargé de la perception des rôles de l'emprunt forcé, s'est présenté à la municipalité pour arrêter le compte des recettes :

En conséquence, ayant de suite procédé à la vérification d'icelle avons reconnu et arrété laditte recette à trois cent soixante et un mille huit cent soixante-six livres quinze sols; et nous nous sommes soussignés :

PASCAUD LAJONCHÈRE, BURAT-DUBOIS, AHARETORAIT.

L'emprunt forcé (2) fut établi d'après la fortune de chacun, évaluée sur les renseignements des commissaires nommés *ad hoc* dans chaque commune. Il faut croire que cette évaluation se fit sans équité; car nous voyons dans le mois de ventôse pas moins de cinquante-cinq pétitions envoyées au Directoire du département pour demander une revision et une diminution de cet emprunt forcé.

(1) A la même époque les deux chambres de l'hôpital étaient affermées 67 livres chacune, avec le jardin et la vigne qui étaient situés devant, partagés par moitié. Le montage de l'horloge était adjugé à 70 livres par an.

(2) Emprunt de 100 millions, forcé et progressif, levé tout entier sur la classe aisée, décrété par le Directoire. Taine, III, p. 605.

Ces pétitions renvoyées par le département à la municipalité de Saint-Gaultier, pour en faire contrôler les termes et les raisons, furent examinées avec le plus grand soin. On prit la peine de rédiger un procès-verbal de cette opération : nous en transcrivons deux à titre de spécimen.

Vu la pétition du citoyen Rachepelle tendante à se faire décharger d'une partie de son emprunt forcé, le renvoi à nous fait par l'administration du département de l'Indre en datte du vingt-huit pluviôse dernier, le commissaire du pouvoir exécutif entendu, déclare connaître appartenir à l'exposant quatre domaines dans la commune de Nuret, et un autre dans la commune de Chitrait, des vignes et une maison valant en total la somme de trente-cinq mille livres ou environ, le tout situé dans un mauvais sol; quant à ses propriétés de Vatan, l'administration déclare n'en avoir aucune connaissance, pas plus que ses charges, si ce n'est les deux rentes, l'une de huit cents livres viagère, l'autre de quatre cents vingt livres énoncées dans la pétition. Le deux ventôse an IV.

*
* *

Vu la pétition du citoyen Burat-Dubois tendant à une réduction sur son emprunt forcé, le renvoi à nous fait de sa pétition par l'administration du département, le commissaire du pouvoir entendu, l'administration atteste que la vérité est que la majeure partie de ses biens est affermée, que sa fortune par apperçu peut s'élever à la somme de trente mille livres, prix de 1790, qu'il n'a en rien bénéficié dans la Révolution et qu'il a vendu des biens propres pour se libérer de ceux qu'il a acquis à la nation. Fait à Saint-Gaultier le 2 ventôse an IV de la République.

La Vendée de Palluau.

Un soulèvement s'était produit parmi les populations de Châtillon, Palluau, Buzançais que l'on a appelé la *Vendée de Palluau* (1).

La municipalité de Saint-Gaultier reçut l'ordre de désigner quatre hommes de la garde nationale pour voler au secours des habitants de Châtillon. Au moment du départ, un seul, le citoyen Lardeau, se présenta ; les autres, sous divers prétextes, s'étaient absentés. Ce que voyant, Lardeau refusa nettement de partir sans les autres.

(1) Voir la *Revue du Centre* du 15 mai 1886.

Quinze jours après, apprenant que les révoltés étaient résolus à se battre, Burat-Dubois, président de la municipalité et Anarétorait, agent national, redigèrent une proclamation guerrière dans le but d'exciter le courage des habitants de Saint-Gaultier. C'est une page qui révèle les intentions qui animaient ces âmes de Jacobins, et en même temps, qui nous peint en couleurs vives les troubles profonds des esprits.

Citoyens,

Le vingt-deux courant, nous vous fîmes la lecture de la lettre du ministre de la police générale ; vous avez vu en peu de mots le projet de nos ennemis. Les insensés ! ils se trompent sans doute ; vous ne souffrirez pas, républicains, qu'ils effectuent leurs indignes esperances ; vous avez pris jusque-là pour des rêves ce qui s'est passé dans le district de Châtillon. Vous ne vous êtes jamais imaginé que vos propres frères, vos voisins, vos amis poussés par le vain espoir des prêtres réfractaires viendront les armes à la main, sous le voile de la religion catholique vous égorger, piller et dévaster vos maisons ; vous ne devez plus maintenant douter que ces dévastations ont été commises sous vos yeux et que les scélérats dont nous parlons en sont avec d'autres les auteurs. Volez au secours de vos frères de Buzançais et circonvoisins, la haine que vous avez vouée à la royauté vous y appelle.

Vous avez déjà vu par la lettre du général Désenfants du vingt-cinq, combien se sont signalés avec lui, tous les défenceurs de la patrie qui, au premier signal ont vollé pour sortir des liens vos frères environnés de brigands ; le zèle, le courage et la gaitté même que nos frères du Blanc nous ont montrées les jours derniers, vous en fournissant assez la preuve.

Vous entendez la voix de vos frères par l'organe de ce brave général qui vous demandent des forces pour enfin purger en entier et sous peu, de notre département, tous les scélérats qui s'y trouvent renfermés et vous n'y serés sûrement plus inflexibles ; combien n'auriez-vous pas à vous reprocher si vous, qui êtes dans le cas de terminer la guerre civile que les scélérats cherchent à allumer dans nos propres foyers, résistiez plus longtemps aux cris de nos frères qui sans votre secours pourraient peut-être succomber.

Ce jour est enfin arrivée, citoyens, où les républicains doivent se montrer et nous sommes persuadés que vous irez promptement vous ranger sous l'étendard de ce brave général et que vous partagerés comme lui, par votre zèle, et par votre courage, la gloire d'avoir anéanti tous les ennemis de ce département, d'avoir fait régner en iceluy la paix et la concorde et d'avoir enfin, par là, sauvé pour la dernière fois la patrie. 27 ventôse an IV.

Signé, Rachepelle, Burat-Dubois, Anarétorait.

∴

Cette brûlante proclamation ne produisit aucun effet sur la population comme en témoigne la lettre suivante :

L'administration de Saint-Gaultier à l'administration du département de l'Indre.

Citoyens,

En exécution de votre lettre du 25 ventôse, nous avons représenté à nos concitoyens en leur rappelant votre arrêté du 19, combien il importait de reparer promptement le retard dont ils se rendaient coupables par leur pusillanimité ; que la soumission aux lois, l'humanité et le devoir les appelaient au plus vite auprès de nos frères opprimés. Cinq se sont présentés successivement, ils ont dit qu'ils étaient prêts à partir, mais qu'ils ne marcheraient qu'autant que le nombre de huit serait complet et irait en masse ; en vain nous les avons excités à donner le bon exemple ; d'autres ont répondu que leur démarche deviendrait absolument inutile et qu'il serait même ridicule dans le moment où les troubles étaient cessés et que les autres gardes nationaux des autres communes étaient renvoyés dans leurs foyers. L'appel a été plusieurs fois réiterés et à differents jours ; nous l'avouons citoyens, avec douleur, toutes nos démarches et mesures ultérieures ont été sans succès. Fait à Saint-Gaultier le deux germinal, an IV.

Voici ce que dit sur le soulèvement de Palluau l'auteur des *Esquisses pittoresques* de l'Indre :

Au mois de mars 1796, dit M. de La Tremblais(1), une vive fermentation se manifesta dans Palluau et dans les communes environnantes ; au son du tocsin, un ou deux milliers d'hommes (d'autres disent six cents) armés pour la plupart de bâtons, de fourches ou de faux emmanchées à l'envers, se soulevèrent et parcoururent le pays en culbutant plusieurs brigades de gendarmerie dont ils prirent les chevaux et se portèrent sur Buzançais par la route de Clion. Mais arrêtés à un mille de cette ville, ils ne purent soutenir la première charge des troupes régulières... Ils s'enfuirent, laissant sur le champ de bataille une centaine de morts, leurs armes et une grande quantité de sabots (15 mars 1796)... Beaucoup se noyèrent en voulant passer la rivière de l'Indre. Le chef, de Sorbiers, fut fusillé à Buzançais.

Les nouvelles alarmantes qui circulaient dans le public, déterminèrent la municipalité à faire monter la garde pendant la nuit, depuis 7 heures du soir jusqu'à 5 heures du matin.

(1) *Esquisses bittoresques*, p. 204.

ALERTE A CHASSENEUIL ET A SAINT-MARCEL.

Quelques jours après arriva à Saint-Gaultier la lettre suivante qui justifiait toutes ces mesures de prudence.

Lettre de l'administration de Saint-Marcel, aux citoyens composant l'administration de Saint-Gaultier

Il s'agit, citoyens, de mezure rigoureuse et pressantes, il s'agit de poursuivre quelques vendéens nouveaux, il s'agit de purger le sol de la liberté de ces scélérats qui, partie d'eux se sont retirés dans notre arrondissement, en conséquence, l'administration vous invite de donner des ordres à dix ou douze hommes arrivés de votre commune pour se trouver demain à quatre heures du matin avec ceux que nous y enverrons au village de la Chaume, lieu du rassemblement convenu; travaillant tous, citoyens, pour le bien de la chose publique, nous croyons sincèrement que vous prendrez ces mesures.

Salut fraternel,

Signé MAURAT.

Onze germinal an IV.

La municipalité de Saint-Gaultier, vu la lettre d'avis ci-jointe de l'administration de Saint-Marcel, icelle tendante à fournir dix ou douze hommes armés pour se trouver demain douze du courant, à quatre heures du matin au lieu de la Chaume commune de Chasseneuil, à l'effet, et de concert avec la force armée de l'administration de Saint-Marcel doit y faire trouver de dissiper les nouveaux vendéens qui, suivant ladite lettre, paraissent s'être retirés dans l'arrondissement du canton de Saint-Marcel, sur quoi, l'administration municipale de Saint-Gaultier qu'il est urgent de purger ces scélérats *(sic)* de notre sol, a invité de suite le citoyen Angineau, maréchal des logis, les citoyens Beaufort, Disle père et fils, Lescot, Tixier, Desgâchons, Bernier, Christophe Pepin, Peyrot, Vilvaut, lesquels ci-présents, poussés de sentiments républicains qui les animent, se sont offerts à marcher de très bonne volonté et en manifestant leur zèle pour la chose publique ont promis de partir demain à trois heures du matin pour se rendre au lieu sus désigné.

Signé, BURAT-DUBOIS, ANARÈTORAIT.

Quel fut le résultat de cette expédition ? nous n'avons pu le découvrir.

⁂

Dans le mois suivant, on apprit qu'un affreux assassinat avait été commis entre Châteauroux et Lépine, au lieu dit de

« la Jalousie » (1). Aussitôt des patrouilles furent organisées par les ordres du chef d'escadron de gendarmerie de Châteauroux pour découvrir les coupables.

Vu la lettre du chef d'escadron de gendarmerie disant qu'il est urgent de détacher huit hommes montés et armés de la garde nationale avec deux gendarmes de cette commune et partir demain à sept heures pour faire des patrouilles, dans les environs pour découvrir si faire se peut, les scélérats qui ont assassiné six individus la nuit dernière au lieu de la Jalousie entre Châteauroux et Lépine, le vingt-neuf floréal an IV.

∴

L'an V, le quatre frimaire, Anarétorait lança une nouvelle proclamation qui n'était pas faite pour rassurer les esprits : que l'on en juge :

L'agent national de Saint-Gaultier à ses concitoyens,

De toutes parts les massacres, les vols, les pillages se multiplient avec une telle rapidité que la République serait bientôt inondée du sang de ses habitants qui l'habitent *(sic)*, et repeuplée par les monstres qui ne respirent que carnage si les bons citoyens n'arrêtaient et s'armaient pour écraser ces *entropofages* qui parcourent sa surface. Le temps presse; qu'une vaine terreur ne vous effraie pas; soyez fermes, arrêtez-les, informez-vous de ce qui se passe et venez nous instruire en secret; je suis sûr que pas un parmi vous ne balancera, sachant qu'il s'agit de la conservation de sa femme, de ses enfants et de sa propriété. Ha! s'il s'en trouvaient parmi vous qui fussent divisés d'oppinions, qu'ils abandonnent tout esprit du parti et qu'ils se réunisse aux nautres qui est le soutien de la constitution, de l'ordre et de la tranquillité.

∴

Vers cette même époque quatre-vingt prisonniers de guerre arrivèrent à Saint-Gaultier et furent internés dans l'ancien collège, comme nous l'apprend le document qui suit :

Arrêté du département de l'Indre, invitant le maire de Saint-Gaultier à tenir prest un logement propre à contenir quatres-vingts prisonnier de guerre qui doivent incessamment arriver en cette ville, en conséquence l'administration est d'avis et arrête, pour éviter plusieurs inconvénients,

(1) Simple domaine sur la route de Châteauroux à Valan, à 4 lieues de ces deux villes. Le souvenir de cet attentat est toujours vivant dans le pays.

que lesdits prisonniers de guerre seront logés dans la salle de récréation, le réfectoire qui est à côté et la cuisine de la maison du ci-devant collège, qu'ils n'auront aucune communication dans les autres appartements, et qu'ils auront la liberté de se promener dans la cour sur la terrasse où est le puits, le tout sous la surveillance du comité qui sera nommé et comme il n'y a pas de cheminée dans la salle ny dans le réfectoire disons que le poisle qui est dans la salle d'étude sera placé dans le lieu le plus convenable de la salle de récréation et réfectoire.

Signé : Anarètorait.

Biens de l'hôpital.

Le onze germinal an V, la municipalité fait de louables efforts pour rentrer en possession des biens de l'hôpital :

Considérant, dit la délibération, que rien n'est plus pressé que le soulagement de pauvres de cette commune, demande qu'il soit remis à l'hospice de Saint-Gaultier des fonds en remplacement de la somme de 8.627 liv. (prix de la vente des biens appartenant à cet établissement).

L'administration est d'avis qu'il soit abandonné par la nation au profit de l'hospice :

1° Une rente foncière de 74 liv. par an, au principal de 1490 liv. dûe à la nation par le citoyen Baudet-Deperrins, propriétaire, sur la maison et dépendances qu'il occupe ;

2° Une autre rente de 140 liv. au principal de 3.200 liv. par Tournois de Chitray, sur les biens qu'il cultive et où il demeure ;

3° Une autre rente foncière de 80 liv. au principal de 1.600 liv. due par le citoyen Matheron sur une métairie appelée Belaire, en cette commune et celle de Thenay.

L'hôpital était alors occupé par trois locataires : le citoyen Delhomme qui payait 67 liv. pour la chambre du fond ; la veuve Guillemin qui payait 57 liv. pour une seconde chambre et le citoyen Marchand, 66 liv. pour les autres bâtiments.

En outre, cet établissement possédait deux petits prés sur le ruisseau des Chézaux, estimés 150 liv. et 24 journaux de vignes sur la route du Blanc, estimés 1.200 liv.

Dénonciation contre les prêtres.

Le bruit courut, pendant le mois d'avril, que des prêtres réfractaires étaient cachés dans les environs, entre autre, l'ancien vicaire, M. Godin. Une dénonciation de la police provoqua la réunion du Conseil municipal qui en délibéra en ces termes :

Nous nous sommes assemblés, au sujet des prêtres non assermentés ou ayant retracté leur serment et avons recueilli tous les renseignements possibles dont voici le détail :

1° Nous ne connaissons aucun prêtre qui soit dans le cas de la déportation et qui soit rentré, dans toute l'étendue de l'arrondissement ; observant néanmoins qu'ils ont entendu dire que le citoyen Rachepelle ci-devant curé de Saint-Marcel et de Rivarennes, Grosset, ex-vicaire de Saint-Marcel et d'Argenton ; Godin, ex-vicaire de Saint-Gaultier ont paru dans les environs ;

2° Il existe trois prêtres, l'un à Chitray qui s'est conformé à la loi du serment ; le second à Nuret, nommé Pascaud, ex-curé de Chalais, duquel nous n'avons pu nous procurer les serments, mais que nous présumons être conformes aux lois puisqu'il n'a cessé de toucher son traitement, tant au district du Blanc qu'à celui d'Argenton ;

3° Le troisième, le citoyen Beurrier de Thenay ci-devant vicaire de Saint-Maur où il a prêté son premier serment dont nous ignorons la teneure que nous supposons conforme aux lois puisque il a toujours touché son traitement, nous recevons à l'instant une lettre du citoyen Pascaud que nous joignons à sa soumission, 21 germinal an IV.

Dans ce rapport, il n'est pas même fait mention de M. Metenier. Depuis son élargissement, protégé par la vénération générale, il vivait chez Mme Godin, sans être inquiété. Il administrait les sacrements sans doute en cachette.

M. l'abbé Godin, émigré en Suisse, a-t-il fait une apparition dans le pays comme le bruit en courut ? Nous ne le pensons pas. Ce qui a pu donner lieu à cette opinion, c'est sans doute le voyage d'un homme envoyé de Suisse par lui, à Saint-Gaultier pour chercher des secours auprès de sa mère et pour la rassurer sur son sort (1).

PERSÉCUTION SOUS LE DIRECTOIRE.

Les élections de 1797, sous le Directoire, avaient été favora-

(1) Voici une tradition qui nous paraît fondée. L'envoyé de M. Godin, n'ayant aucun papier pour prouver sa sincérité aurait été mal accueilli par Mme Godin trop défiante ; alors il se serait présenté à Argenton chez une parente de l'abbé. « Si vous me trompez, lui dit celle-ci, ce sera tant pis pour vous ; mais je ne veux pas que mon parent souffre plus longtemps. » Et elle lui remit la somme de 3.000 francs.

bles au parti de l'ordre. Les catholiques commençaient à lever la tête.

Trois membres du Directoire firent un coup d'état le 18 fructidor, au profit des terroristes. Le nouveau gouvernement, pour prévenir le danger qui le menaçait, fit revivre toutes les lois de proscription. Il se montra même plus violent que la Convention. Il fit jeter en prison un bon nombre de prêtres réfractaires qui avaient cru pouvoir sortir de leur retraite. D'autres, en grand nombre, 1.200 environ, furent déportés à l'île de Ré, d'autres, à la Guyane.

Ceux qui furent épargnés, furent obligés de prêter le serment de haine à la royauté.

M. Metenier était trop en vue pour ne pas attirer l'attention des proscripteurs.

Voici l'arrêté qui le concerne, lui et plusieurs autres prêtres :

Vu la loi du 19 de ce mois relative à la conspiration royaliste, la municipalité arrête : 1° que la gendarmerie sera chargée de s'assurer du lieu où un nommé Pierre Audouard suspecté d'émigration se retire clandestinement, suivant que le bruit public l'annonce, afin de se saisir de sa personne et de le conduire au district ; 2° qu'elle est aussi chargée de se transporter chez les citoyens Joseph Metenier, habitant de cette commune et Charles Rachepelle, habitant le lieu de Mesle (1), commune de Nuret, tous les deux prêtres insermentés et de les conduire à Châteauroux ; 3° quant aux autres prêtres du canton exerçant, ils seront invités à *suppléer* leur soumission conformément à la loi, sinon à cesser leurs fonctions sous les peines portées par celle du 7 vendémiaire an IV, sur la police des cultes ; 4° arrête en outre que copie sera délivrée au commandant de la brigade de gendarmerie.

Signé : FONTAINE, CHAMBLANT, PLASSAT, MARON.

UN ÉMIGRÉ A BLANZAY.

Quel est donc ce Pierre Audouard dont il est fait mention

(1) A Mesle, situé entre Nuret et Migné, il y avait autrefois une chapelle. M. Rachepelle pouvait trouver ainsi le moyen de célébrer la messe.

M. de Rachepelle, pendant un certain temps, resta caché dans le château de Chabenet. Réintégré dans son ancienne paroisse, en 1802, il fit vénérer solennellement les reliques de saint Marcel qu'il avait lui-même cachées chez sa servante, *Fanchette* Marchand, pour les soustraire aux profanations des impies. En 1804, il fut nommé curé de Lury, dans le Cher.

dans l'acte de dénonciation précédente? Pendant près d'un an il réussit à tromper la vigilance de la police en restant caché dans les environs de Saint-Gaultier. Pour le saisir, en vain on mobilisa la brigade de gendarmerie et la garde nationale. C'était comique et tragique à la fois de voir un seul homme inspirer tant d'alarmes et donner tant de soucis à toute une administration. Et quel crime avait-il donc fait?

A la fin de Brumaire, on lui donna un passe-port ainsi libellé: « Laissez passer le citoyen Pierre Audouard, propriétaire et cultivateur de la Commuue d'Iteuile, canton de Croutelle (Vienne). »

Il se retira à Blanzay, village de la commune de Rivarennes, dans la maison de Mme veuve Veras de la Baptière ou Bastière.

Matheron-Duplessis se porta garant de son civisme, mais le bruit s'étant répandu que Audouard était un émigré, celui-ci retira la garantie « qu'il avait donnée, dit-il, à la légère ».

Ce qui le rendit suspect, ce furent ses propos imprudents. Par ce temps de liberté, Audouard s'était imaginé qu'il pouvait exprimer sa pensée sans rien craindre. On ne lui pardonna pas d'avoir parlé la bouche ouverte. Il paraît qu'il avait osé dire : « Que ceux qui composaient l'administration du canton étaient des scélérats et ne connaissant pas les lois et qu'ils les danserait d'une jolie manière. »

De son côté, Mme de la Bastière n'était pas moins hardie dans ses critiques contre la Constitution disant : « Qu'elle aimerait mieux mourir que de la respecter, qu'elle lui causait sa ruine, que tous les membres de l'autorité étaient des scélérats et qu'elle perdrait plutôt la vie que de changer ses opinions. »

Une dénonciation fut lancée et deux gendarmes vinrent un soir, à 8 heures, pour arrêter Audouard chez Mme de la Bastière. Ils s'établirent en garnison chez elle pour garder à vue l'homme suspect et la punir ainsi elle-même de lui avoir donné l'hospitalité. Le lendemain soir, le prisonnier put s'évader au moment où trois autres gendarmes venaient prêter main-forte à leurs camarades pour le conduire prisonnier à Saint-Gaultier.

Laissons parler le gendarme Bruna dans son rapport ; son style a une saveur particulière :

J'avais bien observé que le lieu de Blanzay était bien difficile à garder, situé au milieu des bois, il est entouré de faux fuyants, c'est pourquoi l'administration envoya trois gendarmes. Nous sommes partis pour prêter main forte; arrivés vers six heures du soir, il faisait nuit noire, nous appelons le gendarme Bertrand qui gardait avec Bourliaud, Audouard dans une chambre haute remplie de faux fuyants sans lumière. Ledit Bertrand nous entendant, descend pour nous ouvrir, attendu qu'il avait fermé toutes les portes; Bertrand observe que pour aller ouvrir à son camarade, il a fallu passer par deux cabinets et traverser un *collidor* et descendre quinze marches et traverser ensuite la cuisine pour arriver à la porte d'entrée. Il crut devoir conduire Burat à l'écurie dont il avait la clef, éloignée de la maison de cent pas, parce qu'il craignait que Burat mît son cheval qui est méchant à côté du sien qui eut été estropié, et après quoi, il retourna promptement avec Burat pour joindre le 3ᵉ gendarme Bourliaud et garder ensemble Audouard; en sortant de l'écurie, j'entendis le nommé Pailloté, métayer de la veuve La Bastière, dire à haute voix : « M. Bertrand, on vous appelle. » Comme je répétais à Bertrand, aussitôt nous accourons et rencontrâmes Bourliaud dans l'escalier qui arrivait à la cuisine qui me dit, tout hors de lui-même; le nommé Audouard a dit: « Je voudrais aller aux commodités » et à l'instant a disparu, ayant pris autant que je puis croire le chemin de l'escalier; nous avons fait toutes les perquisitions possibles sans pourvoir le découvrir.

Dans notre premier rapport, nous n'avions pas donné tous ces détails, tant nous étions vivement affectés par cette évasion. Nous avions tous perdu la tête... Nous sommes plus à plaindre qu'à blâmer.

Le 3 frimaire an V, à six heures du matin.

Signé : BERTRAND, PELLÉ, BURAT, BOURLIAUD.

*
* *

Les pauvres gendarmes font comme ils peuvent pour dégager leur responsabilité. Comme on le pense bien, la police de Saint-Gaultier ne se tint pas pour battue (1).

Sur-le-champ, le capitaine de la colonne mobile est requis de commander douze gardes sédentaires qui, avec trois gendarmes se transportèrent à Blanzay pour faire une perquisition rigoureuse.

La maison de la veuve Véras de la Bastière fut cernée par cette force armée et elle-même fut gardée à vue comme suspecte de complicité.

(1) C'est à cette même époque que la garde nationale organisa des patrouilles dans toutes les communes du canton « pour écarter les malveillants et se munir contre les pillages, les brigandages, les assassinats qui se multiplient chaque jour ».

Cette dame outrée de ces violences, lança contre ces audacieux agents de la force publique une plainte où elle laisse éclater toute son indignation.

PROTESTATION DE Mme DE LA BASTIÈRE.

Marie Labourt veuve Véras, aux citoyens administrateurs du canton de Saint-Gaultier.

Au nom de la loi.

Citoyens, je vous certifie que le 20 prairial, je dénonce par acte juridique et dénonciation civique tant au corps législatif qu'au département de l'Indre et à l'accusateur public près du Tribunal criminel de ce département comme coupable de plusieurs délits importants et forfaiture, les nommés Fontaine, commissaire du pouvoir exécutif, Burat-Dubois, Moutet, Mauduit et Tardif-Pommeroux, tous quatre administrateurs du canton, et les quatre gendarmes de la brigade, ensemble tous les auteurs, fauteurs, adhérents et complices desdits délits dont les noms pourront apparaître dans l'instruction du procès criminel à intervenir, pour être, tous les dits coupables, poursuivis par la vindicte publique, pour être venus méchamment et au mépris de toutes les lois, le 22 novembre dernier (vieux style) violer mon domicile, y faire perquisitionner à main armée, malgré moi, refusé d'exbiber des ordres, consommer mes provisions, avoir requis sans besoin la force armée, investi ma maison de soldats intérieurement et extérieurement, séjourné chez moi pendant trois jours et demi, me fouiller avec impudence, ainsi que la femme de mon garde et enfin me traîner dans les fers, le 25 suivant, et autres griefs.

Cette dénonciation, citoyens, est dirigée tant contre ceux qui ont ordonné, signé et fait exécuter que contre ceux qui ont eux-mêmes exécuté tous ces actes arbitraires, essentiellement contraires à la loi sur la liberté individuelle des citoyens et la sûreté des propriétés; je vous notifie cette dénonciation expressément; conformément à l'ordonnance, je demande que la présente notification juridique soit au long, inscrite sur le registre; la loi, citoyens, vous prescrit ce que vous devez tenir à l'égard des individus.

Signé : Marie LABOURT veuve VÉRAS, BOISLINARD-DUCOUDRAY.

Quel fut le sort de cette courageuse protestation? nous l'ignorons.

*
* *

A cette même époque nous trouvons la curieuse lettre suivante :

Le président de l'administration municipale de Saint-Gaultier à l'administration du département de l'Indre.

Comme j'entrevois, citoyens, malgré mon zèle pour le maintien du gouvernement actuel, ma surveillance, ma fermeté et mon active assiduité à la place importante que j'occupe, que quelques autorités constituées favorisent, selon l'énoncé des papiers publics les massacres, les assassinats qui se commettent sur différents points à l'intérieur et paraissent s'organiser dans d'autres, soit par l'inexécution des lois et arrêtés, soit autrement, et qu'enfin je veux me mettre à l'abri de tout reproche à cet égard (comme je l'ai été jusqu'à ce jour) mais même y mettre mes descendants, je vous invite de vouloir bien accepter ma démission et vous occuper incessamment de substituer un autre individu à ma place, que néanmoins pour le bien de la chose publique, j'offre de continuer à exercer jusqu'à votre réponse que j'espère recevoir par le premier courrier, salut et respect.

Signé : Burat-Dubois, président.

Cette lettre honore celui qui l'a écrite ; la démission de Burat-Dubois fut acceptée. Il eut pour successeur le citoyen Chamblant, élu le 19 frimaire an V.

Second emprisonnement de M. Metenier.

Qu'est devenu M. Metenier après le cruel arrêt du 29 fructidor an V ? Il lui fallut une seconde fois reprendre le chemin de la prison où il resta plus d'un an. La municipalité de Saint-Gaultier se faisant l'interprète du sentiment général envoya à Châteauroux une demande d'élargissement en faveur du vénérable prisonnier. Le département fit bon accueil à cette demande comme nous le voyons par le texte de la délibération suivante :

Le citoyen Charlemagne, président de l'administration départementale, ouï le rapport de son bureau de santé, l'administration centrale de l'Indre, considérant que le ministre de la police générale par sa lettre du 3 brumaire dernier s'expliquer ainsy :

A l'égard des ecclésiastiques actuellement sexagénaires ou infirmes qui se trouvent dans un cas ci-dessus, ils doivent, leur âge et leurs infirmités étant légalement constatées, rester sous la surveillance de leurs municipalités qui seront responsables des troubles que ces individus pourraient occasionner si elles n'apportaient pas tout le soin à cette surveillance ;

Vu la lettre de la municipalité de Saint-Gaultier qui se charge de surveiller le citoyen Metenier, bien persuadé qu'il est incapable d'occasionner aucun trouble ;

Vu enfin les rapports des officiers de santé qui attestent que Joseph Metenier, âgé de 50 ans, est valétudinaire, affecté d'une colique néfrétique dont les accès sont fréquents, qu'il rend des graviers, ce qui rend ledit Metenier hors d'état de voyager ;

Vu le rapport de son bureau de sûreté, arrête :

1° Joseph Metenier, prêtre réfractaire actuellement reclus au chef-lieu du département, sera mis en liberté ;

2° Joseph Metenier, dans les trois jours, se rendra à Saint-Gaultier et fera la déclaration de son domicile et sera mis sous la surveillance la plus sévère de la municipalité.

Monsieur Metenier quitte sa prison et revient à Saint-Gaultier. Aussitôt arrivé, il ne manque pas de faire sa déclaration de domicile.

Le 19 frimaire, Joseph Metenier, natif de Gipey près Bourbon (Allier), a comparu et a déclaré vouloir fixer son séjour à Saint-Gaultier.

Signé : METENIER.

DÉPORTATION A L'ILE DE RÉ.

Il ne devait pas jouir longtemps de bonheur de se retrouver au milieu de ses paroissiens. Le Directoire fut impitoyable. Le 3 fructidor, an VI (21 août) 1797, il fut condamné à la déportation et envoyé à l'île de Ré avec MM. Galichet et Gaultier. Ce fait historique est attesté par une lettre au commissaire de l'administration municipale de l'île de Ré « pour lui annoncer que les nommés Metenier, Galichet et Gaultier, prêtres réfractaires, condamnés à la déportation sont envoyés dans son île (1) ».

Nous ignorons combien de temps au juste il subit cette peine imméritée. Toujours est-il que le 24 germinal, an VIII, il est à Saint-Gaultier.

Il est à remarquer que les Archives municipales ne font aucune allusion à la déportation de ce digne prêtre.

(1) *Archives départementales.*

LE CLERGÉ CONSTITUTIONNEL.

Pendant ce temps-là, que deviennent les prêtres constitutionnels du canton ?

Ils prêtent tous les serments qu'on exige d'eux. Lisez plutôt ce qui suit :

Le premier vendémiaire, an VI, est comparu devant nous, le citoyen Benoît Beurrier, ministre du culte catholique de la commune de Thenay, lequel a dit que voulant continuer l'exercice de son culte et pour se conformer à la loi du 19 fructidor a fait et prononcé le serment qui suit : « Je jure haine à la royauté et à l'anarchie, attachement et fidélité à la République et à la constitution de l'an III ; » de laquelle déclaration ledit Beurrier a requis acte à lui octroyé et il s'est soussigné : Beurrier, ministre du culte catholique.

Deux autres curés du canton se rendirent à Saint-Gaultier pour prêter ce même serment. Jean Fauconneau-Dufresne Montmorin, ministre du culte catholique à Chitray (1) et Étienne-Christophe Pascaud, ministre du culte catholique à Rivarennes.

Trois mois après, 30 nivôse an VI, ces trois curés sont inquiétés au sujet de leur serment. Ils sont contraints de déclarer de nouveau qu'ils n'ont en rien modifié leurs résolutions. Le citoyen Jacques Pacton, curé à Neuillay, se joint à eux pour faire la même déclaration. Triste clergé ! sans direction et sans principe, il suit toutes les oscillations de l'opinion publique. Il avilit son caractère dans le servile assujettissement au pouvoir civil qui les traite comme les derniers de ses fonctionnaires. Tous les deux ou trois mois, les membres de ce clergé sont tenus de faire un serment de *haine à la royauté* (2).

Le vingt-huit prairial nous les voyons venir à Saint-Gaultier dans ce but. Le citoyen Jacques Pacton qui était à Neuillay au mois de janvier, est signalé en juin, comme ministre du culte catholique à Saint-Gaultier.

(1) Fauconneau-Dufresne de Montmorin après avoir été vicaire à Neuvy-Saint-Sépulcre, était curé de Chitray depuis 1789.

(2) D'après M. Emery, ce serment n'était pas coupable parce qu'il s'adressait non aux personnes mais à une institution.

Fauconneau-Dufresne de Montmorin, curé de Chitray, faisait en même temps les fonctions d'agent municipal. On le trouvait trop froid, trop indifférent pour le régime et pour les fêtes de la République. Sa fortune personnelle lui donnait une certaine indépendance. Pour le punir on le suspendit de sa charge d'agent, en ces termes :

Le citoyen Fauconneau, agissant comme prêtre et comme agent, a donné l'exemple du mépris de la Constitution républicaine en méprisant les lois relatives au culte, aux prêtres réfractaires et au chant du *Réveil du peuple*, en affectant une indifférence scandaleuse pour les fêtes, est suspendu de ses fonctions par le Directoire exécutif de Châteauroux, 2 germinal, an VI.

Fauconneau-Dufresne Montmorin avait eu la faiblesse de célébrer les décadis et les fêtes révolutionnaires. Voyant qu'il n'était pas suivi par la population de Chitray, il prit la résolution de se séculariser tout à fait. Voici ce que nous lisons sur le registre municipal de Saint-Gaultier, à la date du 11 fructidor, an VI.

Le citoyen Fauconneau Montmorin, ministre du culte catholique à Chitray, déclare qu'il renonce à exercer le culte catholique et qu'il veut se livrer à l'agriculture, parce qu'aux décades et aux fêtes nationales, personne ne s'y rendait. « Mon ministère, écrit-il, devenant inutile, je vous préviens, citoyens, que mon intention est de me livrer à l'agriculture qui est depuis longtemps ma principale occupation. Salut et fraternité. »

C'était le moyen le plus radical d'échapper aux vexations gouvernementales.

Un mois auparavant, la suspension dont il avait été frappé, l'avait déterminé à adresser aux administrateurs de Saint-Gaultier la lettre suivante :

A Chitray, le 9 messidor, l'an VI de la République française une et indivisible.

Aux citoyens administrateurs du canton de Saint-Gaultier.

Citoyens,

Lorsque j'ai accepté la place d'agent de la commune de Chitray, j'ai plus consulté mon patriotisme que mes forces ; mais la maladie que je viens d'éprouver joint à mon grand âge me met dans l'impossibilité de remplir des fonctions aussi importantes que cette administration. Je me vois forcé de donner ma démission. Je vous prie de la recevoir et de nommer à ma place. Je serais allé en personne l'écrire sur votre registre si ma santé me l'eut permis.

Je suis, citoyens, votre dévoué concitoyen.

FAUCONNEAU-DUFRESNE.

LE COLLÈGE.

Pendant l'an VI de la République on afferma plusieurs appartements dépendant du collège.

Le 1er frimaire an VI, il est procédé à l'adjudication « d'une chambre basse, et en entrant à droite du portail une écurie, à gauche en face de ladite chambre et un petit toit qui est dans le fond de la cour qui servait autrefois de peignoir » ; ces différentes pièces sont affermées à Bourliaud 28 liv., et une chambre haute au premier étage, 23 liv.

Le 21 pluviôse de la même année, a lieu une nouvelle adjudication.

Après les affiches de cette publication et les avertissements faits par le tambour de cette ville, ce requérant le citoyen Bernier, receveur de l'enregistrement, il a été procédé à l'adjudication de trois chambres du ci-devant collège à trois particuliers de cette commune pour un an à la charge :

1° D'en jouir en bons pères de famille ;

2° Lors de leur entrée en jouissance, il sera procédé à leurs frais à la visite desdites chambres ;

3° Chacun des adjudicataires, ne pourra prétendre à aucune indemnité dans le cas où l'administration départementale voudrait disposer autrement de ces chambres et même de la maison et dépendances du ci-devant collège soit par vente, établissement quelconque et même de la brigade de gendarmerie, de sorte que les baux pourront être résiliés en avertissant seulement les preneurs un mois à l'avance, et alors les adjudicataires seront tenus de vuider les lieux et de les laisser libres sans pouvoir prétendre aucun dédommagement ;

4° Les preneurs fourniront caution ;

5° Ils payeront le bail en deux termes.

La première chambre, au premier étage, joutant l'église, occupée par le citoyen Sabroux a été adjugée au citoyen Cavate, 12 liv.

La seconde qui est la cuisine dudit collège a été adjugée à la citoyenne Jeanne Neveu, 12 liv. (1).

(1) Jeanne Neveu était l'institutrice communale.

La troisième qui est à côté de la dernière est celle habitée avant la Révolution par le citoyen Metenier, avec le petit cabinet qui est à côté a été adjugé au citoyen Tardif-Pommeroux, 12 liv.

Le prix de ces adjudications sera payé en numéraire métallique.

INVENTAIRE.

(Dans la 3e chambre.) Un petit lit à roulettes, composé de son chalit de bois chêne, une mauvaise paillasse de toile de gros, un matelas de cotonnade bleu à carreaux, rempli de laine, un petit traversin de mauvais couty, rempli de mauvaise filasse, avec une couverte de laine verte, des ridaux ; ciel et contours de mauvais cadi vert, et une petite bibliothèque à quatre rayons et une planche au-dessus, le tout attaché au côté de la cheminée, plus une table avec des pieds croisés le tout de bois chêne, plus une autre petite table de bois chêne avec ses pieds sans fasson, plus une autre petite mauvaise table, bois blanc, avec des pieds croisés, plus trois chaises de bois foncés, en paille, l'une d'elle n'ayant qu'un rolon derrière, plus deux petits bancs, une bancelle, un petit support de pendule et une dernière planche servant d'appui par la croisée, le tout de bois chêne ; plus deux chenets de fer ayant chacun un cœur entre les deux pieds de fer ; plus un placard incrusté dans le mur, lequel placard ferme à clef ; il s'est trouvé deux plats creux et un plat plat et une assiette de cailloux, trois autres assiettes de faïences que les petits carreaux des deux croisées sont au quart cassés et que la porte d'entrée est garnie de ses serrures de clef. Deux armoires de bois chêne fermant à clef, lesquelles sont remplies de linge du ci-devant collège et une mez à pétrir remplie de faïence, dépendant aussi du ci-devant collège.

L'administration arrête à cet égard, que ledit Tardif sera tenu de laisser en ladite chambre les susdits objets et qu'à cet effet ledit commissaire et l'agent de cette commune se transporteront en ladite chambre, pour y apposer sur ladite armoire et mez des scellés ; quant aux autres meubles qui étaient en ladite chambre, l'administration les a fait transférer de suite dans le lieu vulgairement appelé la dépense du collège, à l'exception des deux petits chenets, une pincette de fer, deux chaises, une table et une autre petite table de bois blanc et un mauvais fauteuil de bois foncé.

Les adjudicataires auront le droit d'aller sur la terrasse et de tirer au puits s'ils le jugent à propos.

Signé : ANARÉTORAIT, CAVATTE, NEPVEU.

*
* *

L'agent municipal ayant appris que les enfants couraient

dans le collège, essayaient de forcer les serrures, cassaient à coups de pierre les vitres et les tuiles et allaient jusqu'à en jeter dans les caves par les soupiraux, prit un arrêté en ces termes :

Considérant qu'il est urgent de mettre fin à ces déprédations, arrête :
Que tout enfant ou autre de quel âge ou sexe qu'il soit qui seront pris à commettre de tels dégâts seront punis d'au moins trois jours de prison ; que les parents seront responsables des dégradations commises par leurs enfants.
Six germinal an VI.

CERCLE CONSTITUTIONNEL.

Sous l'influence du coup d'État opéré par le Directoire le 18 fructidor an V, le zèle des révolutionnaires se rallumait partout ; c'est ce qui nous explique la fondation, à Saint-Gaultier, d'un Cercle constitutionnel. Le procès-verbal de la première réunion respire un enthousiasme délirant.

Nous républicains, désirant par le zèle qui nous anime pour le bien général, faire aimer la République, faire connaître la Constitution de l'an III, en développer les avantages, exciter l'intérêt du peuple par la lecture des nouvelles, propager les préceptes sacrés de la morale républicaine (!), former entre nous et nos concitoyens des liens indissolubles de la fraternité, porter ces derniers à la pratique de toutes les vertus civiques et privées, donner un ressort de plus à la Constitution en éclairant l'opinion publique, composer autour de cette Constitution si chérie un cercle redoutable à tous ceux qui voudraient y attenter, promettons et jurons, chacun individuellement de ne jamais nous écarter des bornes de la Constitution et des lois relatives aux associations ; en conséquence et d'après ces principes qui sont les bases de notre institution, nous jurons haine éternelle à la royauté et à l'anarchie, fidélité et attachement à la République, déclarons que nous nous mettons sous la surveillance de la municipalité de cette commune, que nous nous tiendrons provisoirement chez le citoyent Baubiet des Alouettes... que nos séances se tiendront régulièrement les jours de décades, depuis trois heures jusqu'à huit heures du soir, 20 pluviôse an VI.

Signé : ANARÉTORAIT.

L'HÔPITAL.

Arrêté concernant l'hôpital, 28 thermidor an VI.

La municipalité de Saint-Gaultier assemblée, considérant qu'il existe dans la maison de charité autrefois établie en cette ville quelques effets mobiliers qui en dépendent lesquels sont désignés en la reconnaissance sans datte qui en fut accordée par la citoyenne Burat-Dubois veuve Godin au receveur de l'hôpital auquel la veuve Godin devait le remettre à sa réquisition ;

Considérant que l'exécution du décret de la Convention nationale du premier may 1793, la régie nationale devait rendre compte au corps administratif, de la gestion qu'elle avait pu faire de ladite maison ;

Considérant que le préposé de la régie a effectivement rendu ses comptes le 28 frimaire an IV ;

Considérant que lesdits effets mobiliers dépérissent au point qu'il est d'une nécessité indispensable de les vendre le plus tôt possible ou bien de les laisser perdre totalement ;

Arrête que le 2 fructidor, il sera procédé à l'adjudication desdits effets et que le prix provenant de la vente, sera déposé entre les mains de l'agent de cette commune, qui a déjà perçu le fermage de la maison pour en rendre compte de l'emploi qu'il en aura fait.

INVENTAIRE.

On ne lira pas sans intérêt l'inventaire du mobilier de l'hôpital présenté par Mme Godin.

Etat des meubles :

Une table carrée en mauvais état ;

Une demi-armoire à deux battants, un tiroir au milieu ;

Un chalit sans fonçure garni d'un très mauvais ras vert ; une vieille plaintie de toile ;

Une petite cuve en mauvais état ;

Un mauvais coffre avec sa serrure sans clef ;

Une mauvaise arche à pétrin ;

Une petite mauvaise paire de chenets ;

Tous lesquels meubles ci-dessus, je m'oblige à mettre ès mains de M. le Receveur de l'hôpital.

Signé : BURAT-DUBOIS, Ve GODIN.

Cet inventaire nous prouve que la Révolution n'avait pas enrichi l'hôpital de Saint-Gaultier (1).

L'esprit d'impiété qui animait l'administration centrale lui inspira d'essayer de laïciser les assemblées annuelles de chaque commune du canton qui avaient encore conservé un ca-

(1) Avant la Révolution le fermier, M. Sabroux, payait au curé une rente de 12 francs pour dire la messe à l'hôpital deux fois par mois.

ractère religieux, comme pèlerinage au saint Patron dont elles portaient le nom.

Il fut décidé qu'elles prendraient le nom de *Louée*.

La louée de Rivarennes, le 20 vendémiaire (saint Denis);

Celles de Thenay, 10 brumaire (saint Simon);

Le 30 thermidor (saint Roch) ; le 20 fructidor (saint Fiacre) ;

Celles de Saint-Gaultier, le 30 frimaire (saint André);

Le 20 germinal (le jeudi-saint) ;

Celle de Pezay le 10 floréal (saint Eutrope);

Celle de Chitray, le 10 thermidor (saint Christophe) ;

Celle de Nuret, le 20 thermidor (saint Laurent).

FÊTES DÉCADAIRES ET PATRIOTIQUES.

Comme on le voit par le témoignage de M. Fauconneau-Dufresne, le peuple n'avait pas pris au sérieux les fêtes décadaires et les autres fêtes par lesquelles les stupides et ridicules jacobins avaient voulu remplacer le dimanche et les fêtes chrétiennes. Les jours des décadis et des fêtes nationales, une loi défendait de travailler. La semaine étant de dix jours, on voit quelle perturbation s'ensuivit dans les habitudes populaires. Pour faire exécuter cette loi impie, des commissaires, désignés par la municipalité, parcourent la ville pour surprendre les délinquants et leur dresser des procès-verbaux. Voici ce que les archives municipales nous apprennent : Le 10 brumaire, an VI, les commissaires font une inspection dans les rues et voies publiques pour surprendre les contrevenants, malgré les intimations réitérées pour le chômage des décadis ; « avons trouvé, disent-ils, le citoyen Pierre Rocherau, tailleur d'habits sur son établit, la domestique de Baudet-Desperrins au lavoir, la femme Ménard qui ne voulait pas laisser la couture ; étant passé l'eau pour faire cesser neuf femmes qui broyaient du chanvre ; nous rencontrâmes aussi la femme de Maron qui faisait son bas ; mais elle nous donna une prompte satisfaction, en cessant aussitôt qu'elle nous aperçut ».

*
* *

Quelque temps après François Cailleron fait sa tournée ordinaire pour empêcher les habitants de travailler; il rencontre le serrurier Bonnefont qui violait la loi décadaire, il lui dresse procès-verbal et demande que les peines édictées par la loi lui soient appliquées.

Lescot, commissaire, requiert les agents de toutes les communes du canton de faire des procès à tous ceux qui ne chôment pas les décadis, 2 vendémiaire, an VII (1).

Vers cette même époque, la municipalité prend un arrêté concernant les réunions décadaires, au collège, dans deux salles, celle du réfectoire et celle de récréation ; décide d'y faire transporter les bancs et les chaises de l'église, en laissant de la place pour danser (2), sans gêner les spectateurs : « Il convient de faire disparaître un mur qui les sépare et de faire mettre une porte vitrée avec une serrure. » Les frais sont évalués à 300 livres, « y compris l'achat des boules nécessaires et propres à faire rouler dans les trois jeux qui peuvent aisément se pratiquer sur une terrasse qui est au-dessus de trois croisées et même la construction des jeux qui sont ordinaires dans ce pays ».

On trouve que le temple décadaire (l'église) est trop spacieux ; les lectures ne sont pas entendues de tous. Alors on prend une délibération, signée Préjolit, où on lit :

« Considérant que la ci-devant église où l'administration tient ses séances décadaires est trop vaste, trop froide et de toutes manières, trop incommode, considérant que pouvant disposer d'une salle du ci-devant collège elle se trouverait beaucoup mieux, décide d'y faire dresser l'*hôtel* de la patrie et en conséquence d'y tenir ses séances décadaires ; arrête que ledit autel sera transporté dans la salle et qu'à l'avenir elle y tiendra ses séances les jours de décadis. »

(1) Ce même Lescot se plaint qu'on sonne les cloches pendant les orages.
(2) Il n'était permis de danser que pour les décades et les fêtes patriotiques.

*
* *

Lescot était le plus dévot du culte constitutionnel. Il va jusqu'à dénoncer les gendarmes qui ne font pas de procès à ceux qui travaillent le jour des décadis. Il provoque l'ardeur et le zèle des habitants pour la célébration des fêtes nationales. Elles ne manquaient pas, ces fêtes. Voici le nom des principales :

La fête de l'agriculture, la fête des vieillards, la fête de la fondation de la République, la fête de la souveraineté du peuple ; l'anniversaire de la juste punition du dernier roi de France (l'horrible crime de la mort de Louis XVI). La fête des époux, fête de la jeunesse, fête de la liberté, etc...

Le 10 messidor, an VI, les agents municipaux sont convoqués à 8 heures du matin, au bureau, avec les laboureurs et les ustensiles de labourage exigés par l'arrêté municipal pour célébrer la fête de l'agriculture. L'agent de Saint-Gaultier est accompagné de quatre laboureurs ; celui de Thenay, de six ; celui de Rivarennes, de même ; celui de Pezay, de deux ; ceux de Chitray et de Nuret, de deux chacun.

*
* *

Pour la célébration de la fête des vieillards, le 9 fructidor, an VI, six vieillards et six jeunes gens sont choisis pour aller orner de feuillages les portes des vieillards, « et tous les autres » citoyens devront se trouver prêts à venir à l'heure qui leur » sera indiquée pour célébrer cette fête ».

*
* *

Pour la fête de l'anniversaire de la mort de Louis XVI, Lescot requiert la présence des gardes nationaux, sous peine d'une amende d'un franc. Les citoyens furent invités, le 2 pluviôse, à se réunir dans le temple décadaire, c'est-à-dire l'église, orné comme pour les plus grandes solennités, en même temps que la garde nationale, la gendarmerie, les vieillards, les soldats blessés s'y rendirent et occupèrent les places les plus distinguées. L'hymne de la Patrie, sans doute *La Marseillaise*, y fut chantée. Le président fit un discours et prêta serment de fidélité. Ce serment fut répété à haute voix par tous les citoyens. Pour finir, toute l'assemblée prononça une invocation à l'Être suprême et une imprécation contre les parjures : 2 nivôse, an VII.

⁂

Par deux fois, Lescot qui semble jouer le rôle de proconsul, se plaint de la négligence de la municipalité dans l'exécution des lois impies, relatives à l'enlèvement des signes de religion. Le 26 ventôse, an VI, il constate que cette loi n'a pas été exécutée puisque les croix sont encore sur les clochers des églises. Il somma le maire de les faire disparaître, dès le lendemain.

Pendant le mois de thermidor, an VII, il renouvelle sa sommation, disant que ces signes extérieurs de religion sur les clochers et sur les églises sont la cause de l'abandon des fêtes décadaires par les citoyens.

⁂

Le Directoire tenait beaucoup à perpétuer le souvenir de son coup d'État du 18 fructidor ; dans ce but il établit une fête solennelle.

La municipalité, réunie le 12 fructidor an VI, s'occupa des préparatifs de cette fête.

L'administration municipale ayant pris lecture et communication de la loi du 8 courant ; de la circulaire de l'administration centrale de l'Indre, le tout relatif à la célébration de la fête du 18 courant, considérant que la journée du 18 fructidor an V est une de celles à jamais mémorables pour les Français qui doivent se rappeler que le royalisme s'est constamment caché sous tous les masques, arrête ;

Le commissaire exécutif entendu, que ledit jour 18, chacun des agents des communes de l'arrondissement, célébrera avec tout l'éclat et la pompe possible la susdite fête et préparera toutes les cérémonies les plus capables d'attirer les citoyens, comme aussi le lieu des séances, le seul édifice public, sera illuminé.

Cette prose administrative ne troublait pas beaucoup le tempérament des habitants de Saint-Gaultier.

∴

Signalons aux lecteurs la réquisition suivante :

Rapport de l'agent national de Saint-Gaultier.

1er thermidor an VI.

D'après le certificat du citoyen Duvignaud, officier de santé de ce canton, en date de ce jour, rapporté plus haut dans son entier, à défaut de voiture, ai requis le citoyen Deribéré Desgardes, marchand et propriétaire en cette commune, de fournir un cheval pour conduire un détenu malade, au Blanc. La présente requisition lui a été notifiée par le citoyen Vinchon, gendarme à la résidence du Blanc en ma présence et celle du citoyen Burat-Dubois ; ledit Deribéré Desgardes nous a répondu qu'il ne donnerait point de ses chevaux, attendu qu'il se proposait d'aller en campagne et de plus, nous a observé que l'on en louait et que nous n'avions qu'à en chercher; moi, Barnabé Baubiet, agent municipal, après lui avoir exposé que ce n'était pas le moment de pouvoir trouver des chevaux à louer, lui ai demandé son refus par écrit ou de le mettre au bas de la réquisition ; il m'a répondu qu'il ne savait pas écrire, que sa réponse verbale devait suffire.

De suite je me suis retiré, accompagné du secrétaire et du gendarme pour pourvoir de nouveau à la conduite du malade, ai dressé le présent pour servir et valoir ce que de raison.

PASSAGE DE PRÊTRES DÉTENUS.

Dans le mois de thermidor an VII, la municipalité reçut de Châteauroux une lettre l'avisant qu'un groupe de prêtres prisonniers allaient passer à Saint-Gaultier et la priant de leur préparer un logement. Aussitôt l'administration municipale délibéra en ces termes :

L'administration municipale de Saint-Gaultier, réunie en lieu ordinaire, ayant pris communication de la lettre de l'administration centrale en date du 19 courant relative au passage en cette commune des prêtres reclus, délibérant sur les moyens de leur procurer des logements commodes et sur les mezures de sureté à leur égard ; considérant qu'aucun local ne lui parait plus commode et plus facile à garder que les deux oberges de cette commune, arrête, le commissaire exécutif entendu et ce requérant que le citoyen Christophe Pascaud logera huit desdits prêtres et le citoyen Brunet de Bourneuil logera le reste desdits prêtres qui est de sept.

Arrête aussi que pour s'assurer de la personne desdits prêtres le capitaine commandant la garde nationale sera requis de faire trouver douze hommes de sa compagnie tout armés pour les garder, depuis leur arrivée jusqu'à leur départ.

25 thermidor an VII.

RÉQUISITION.

Quelques semaines après, l'administration départementale reçut l'ordre de faire une grande réquisition d'objets de literie pour coucher les conscrits de tout le département, huit cents matelas, huit cents paires de draps et huit cents couvertures.

Le canton de Saint-Gaultier fut contraint de fournir vingt paires de draps, vingt matelas et vingt couvertures.

Cette réquisition fut répartie ainsi :

Le citoyen Lescot, juge de paix, un matelas, une paire de draps, une couverture.

Le citoyen Chamblant la même quantité.

Le citoyen Peyrot-Lamérique, id.

Le citoyen Beaubiet de la Place, id.

Le citoyen Beaudet-Desperrins, id.

Le citoyen Corret-Préjoly, id.

Le citoyen Baulu, id.

Le citoyen Duligondès, à Thenay, id.

La citoyenne Labourt veuve Labastière, à Rivarennes, id.

La citoyenne Ducamp veuve Boudin, de Pezay, id.

Le citoyen Fournier Boismarmin, de Chitray, id.

Le citoyen Peyrot des Gâchons, id.

Le citoyen Peyrot des Roches, id.

La citoyenne veuve Godin, id.

Le citoyen Montet, id.

Le citoyen Boislinard, id.

Le citoyen Baubiet de Terrière, id.

Le citoyen Fauconneau-Dufresne, id.

Le citoyen Fauconneau-Montmorin, id.

Le citoyen Rachepelle, de Mesle, la même quantité.

Arrête aussi ladite administration que si l'un ou plusieurs desdits susnommés ne pouvaient fournir lesdits objets qu'il en sera donné avis à l'administration centrale ; que si au contraire, les dits objets sont fournis, elle enverra le tout à l'administration d'Issoudun ; arrête aussi que lesdits citoyens seront prévenus que les objets fournis leur seront rendus aussitôt le départ du bataillon.

Fait en séance publique, 9 fructidor an VIII (1).

*
* *

Cette réquisition ne reçut pas un accueil favorable de tout le monde puisque dix jours après, le 19 fructidor, l'administration décide « qu'un gendarme s'établira en subsistance chez chacun des citoyens ou citoyennes, jusqu'à ce qu'ils aient satisfait à la réquisition ».

Cette mesure de rigueur ne suffit pas encore.

Le 18 vendémiaire an VIII, la délibération municipale nous dit :

Malgré les susdites invitations et réquisitions, l'administration n'a pu se procurer en totalité les effets réclamés et exigés par l'arrêté du 3 fructidor, considérant qu'elle ne peut plus différer de se procurer le reliquat des dits effets, arrête que de suite, il sera envoyé un gendarme, lequel gendarme restera chez les retardataires, en subsistance, jusqu'à ce qu'ils aient satisfait (2) :

1° Chez Fauconneau Montmorin qui doit fournir un matelat et une couverture ;

2° Chez Baulu, un matelat et une couverture ;

3° Chez Cailleron, une couverture ;

4° Chez Arnoux, une couverture ;

5° Chez Baubiet de Terrière, un matelat ;

6° Chez Peyrot des Roches, un matelat ;

7° Chez Peyrot des Gâchons, une couverture ;

8° Chez la veuve Godin, un matelat et une couverture ;

9° Chez Dériberé Desgardes, un matelat ;

10° Chez Chamblant, un matelat ;

11° Chez Baubiet de Montusson, un matelat ;

12° Chez Dalençon, une couverture et un drap ;

13° Chez Beurrier père et Beurrier fils, prêtre, deux draps et une couverture, etc.

(1) Un peu avant cette époque, en germinal an VII, le citoyen Jacques Peyrot des Gâchons refuse les fonctions d'agent municipal « pour cause de santé, notamment il souffre de fréquentes coliques et de maux de tête ».

(2) Chaque gendarme recevait 5 francs par jour.

RETOUR D'EXIL.

Une ère nouvelle semble s'ouvrir pour la France avec la Constitution de l'an VIII, votée par le Conseil des Cinq Cents. Elle n'était pas schismatique. Les prêtres crurent devoir prêter le serment de fidélité.

M. Metenier était de retour de l'île de Ré.

Le 24 germinal, an VIII, pour mettre son ministère à l'abri de toute tracasserie, il se présente au bureau de la municipalité; nous lisons en effet ces quelques lignes signées de sa main :

Aujourd'hui, 24 germinal an VIII, s'est présenté au bureau de la municipalité le citoyen Joseph Metenier, prêtre ministre, du culte catholique, apostolique et romain qui, voulant exercer son culte, a déclaré qu'il faisait la promesse de fidélité à la Constitution de l'an VIII et a signé.

METENIER, prêtre.

*
* *

Les révolutionnaires sentaient le terrain se dérober sous leurs pieds. Les idées de modération et de tolérance prenaient de jour en jour plus de consistance et plus de force dans les esprits. Bonaparte fait sentir déjà sa puissante main dans la marche des événements. Le concordat n'est pas loin. Le clergé constitutionnel a beau multiplier ses efforts pour entraver le rapprochement entre le pape et la France. Les évêques intrus, sous la direction de Grégoire, évêque de Blois, ont beau se réunir en concile, se mettre en relation avec les schismatiques étrangers pour se donner un peu de prestige, l'heure de l'effondrement final va sonner pour eux. Le saint Pape Pie VI est mort à Valence, le 29 août 1799; Pie VII est élu à Venise, le 14 mars 1800. Aussitôt, il s'empressa d'envoyer, au mois d'octobre suivant le cardinal Spina à Paris, pour négocier avec le 1er Consul un traité de pacification.

Le Concordat de 1801 fut signé et devint loi française. L'Eglise catholique redevenait la religion privilégiée de la France.

Beaucoup de membres du clergé intrus firent leur soumission complète au nouvel ordre de choses.

*
* *

Plusieurs curés du canton de Saint-Gaultier, M. Metenier en tête, prêtèrent serment en ces termes :

Je jure et promets à Dieu sur les saints évangiles de garder obéissance et fidélité au gouvernement établi par la Constitution de la République Française ; je promets aussi de n'avoir aucune intelligence, de n'assister à aucun conseil, de n'entretenir aucune ligue soit au dedans soit au dehors qui soit contraire à la tranquillité publique et si dans mon vicariat ou ma paroisse ou ailleurs, j'apprends quelque chose au préjudice de l'Etat, je le ferai savoir au gouvernement. Le 13 pluviôse an XI.

Signé : PACTON, vicaire à Saint-Gaultier ; MONTMORIN, curé de Chitray ; CLAUDE BOUTAUD, curé de Luzeret ; METENIER, curé de Saint-Gaultier ; VINCENT, curé de Rivarennes.

TRIOMPHE.

Mgr de Merci fut nommé archevêque de Bourges en 1802.

M. Metenier fut solennellement réintégré dans ses fonctions, le 15 décembre 1802.

En tête des registres paroissiaux de l'année 1802, on lit ces quelques lignes dont l'importance est capitale :

1° Tous les enfants nés dans cette paroisse depuis le commencement de la Révolution jusqu'à cette époque, c'est-à-dire, jusqu'à l'an XI, ont reçu le baptême solennel et dans les paroisses environnantes, je n'ai point de connaissance qu'aucun enfant ait été privé de la grâce de ce sacrement ;

2° Tous les mariages faits dans cette paroisse pendant le susdit tems, ont été contractés validement ou bien, ils ont été réhabilités par moi, Metenier, prêtre, curé de Saint-Gaultier. En cas de besoin, j'ai par devers moi, sur le second article, des notes (1), auxquelles il sera facile d'avoir recours, à Saint-Gaultier, le trente fructidor an X de la République ou le dix-sept septembre 1802.

METENIER, prêtre, curé de Saint-Gaultier.

(1) Ces notes sont perdues ou égarées : c'est bien regrettable.

Devant cette figure vraiment sacerdotale nous éprouvons plus que de l'admiration ; il s'en dégage un parfum qui force le respect et commande la vénération. M. Metenier nous apparaît le front rayonnant d'une double auréole, celle de la souffrance et celle de la vertu.

Le Révolution, en le jetant dans ses cachots, l'a marqué du signe glorieux des confesseurs de J.-C. Prisonnier et proscrit, il garda intact le trésor de sa foi ; libre, il redevint le pasteur dévoué et miséricordieux de ses proscripteurs et se vengea de leurs iniquités par un redoublement de bonté. *Ecce sacerdos magnus !* Salut à ce prêtre ! Nous nous inclinons humblement devant la grandeur de ses mérites.

*
* *

Les curés assermentés du canton pendant la Révolution furent : Pascaud à Nuret auquel succéda Peronet ; Fauconneau-Montmorin à Chitray (1) ; Beurrier à Rivarennes auquel succédèrent Pascaud et Vincent ; Matheron à Thenay auquel succéda Beurrier ; Claude Boutaud à Luzeret ; Petitpin, Fontevriste de Longefond à Pezay le Joli (Oulches) ; Volondat à Saint-Gaultier auquel succédèrent Vincent et Pacton. Ce dernier devint vicaire de M. Metenier.

*
* *

Le traitement des curés de Saint-Gaultier était de 1500 fr. ; celui des autres curés de 1200 fr. L'an VII, tous les traitements furent réduits à 800 fr.

Les prêtres réfractaires, MM. Metenier de Saint-Gaultier, Rachepelle ex-curé de Saint-Marcel et de Rivarennes reçurent une pension de 500 fr.

*
* *

Plusieurs religieuses sécularisées reçurent des pensions di-

(1) Un peu avant sa mort, M. Jean Fauconneau de Montmorin légua à la cure et à la commune de Chitray plusieurs immeubles. Il mourut en 1837 à un âge très avancé.

verses. Les quatre qui s'étaient retirées chez Mme Godin reçurent 600 fr. ; celles, au nombre de dix-neuf, qui avaient appartenu à la communauté de Longefond, des pensions variant de 700 à 320 fr.

Leurs noms méritent d'être conservés : Mmes Legrand, supérieure ; Aloncle, économe ; Divernais, Brimort, Dargier, Dijouet, Baudet, Peyrot, Saint-Léger, Chamblant, Ducoudard, Châteaubaudau, Bruneau, Poudroux, Chambon, Metivier, Guignes, Paquet, Brunet.

Deux dames du Ligondès, Marie-Charlotte et Marthe, résident à Conives avec 700 fr. de pension ; Rose Préaux, à Thenay ; Jeanne Babou, à Nuret, reçoivent la même somme.

*
* *

Liste des maires de Saint-Gaultier pendant la Révolution.

Perussault de la Barauderie, du 24 janvier 1790 au 21 novembre.

Fontaine, du 21 novembre 1790, au 2 novembre 1792.

Peyrot Desgâchons, du 2 novembre 1792, au 17 brumaire an IV.

Burat-Dubois, président de l'administration municipale du 17 brumaire an IV, au 11 frimaire an V.

Chamblant, président, du 19 frimaire an V, au 24 germinal an VII.

Fauconneau-Dufresne, président du 24 germinal an II, floréal an VIII.

Lescot fils, maire, du 28 pluviôse an VIII, au 14 octobre 1818.

Traditions locales a Thenay.

Nous sommes dans l'ignorance presque la plus complète sur ce qui s'est passé dans chaque paroisse du canton de Saint-Gaultier. Il est bien regrettable que l'on n'ait pas pris soin de recueillir les traditions locales à l'époque où vivaient encore les témoins des événements.

Parmi les faits saillants qui ont échappé à l'oubli dans la

paroisse de Thenay, on peut signaler le trait suivant raconté par M. l'abbé Torset, dans le registre de paroisse.

Le vénérable M. Matheron (1), ex-curé de Thenay, de sa chambre, voyait à travers les vitres les scènes d'impiété qui se passaient alors sur la place de cette paroisse, versait d'abondantes larmes pendant que ses paroissiens égarés brûlaient dans le même bûcher le crucifix et les statues de la Sainte Vierge et des Saints qu'ils avaient exprès enlevés de leur église pour cet acte impie et à jamais déplorable. Je ne m'étendrai pas davantage sur ces scènes scandaleuses où les femmes figuraient au premier rang et dont le triste souvenir avec tous les détails est encore vivant dans la mémoire de la population. Ce qui se passa alors à Thenay est du genre de ces grands événements qui se transmettent de génération en génération avec les stigmates qu'ils méritent. On sait encore aujourd'hui le genre de mort que la justice de Dieu réserva à ceux qui jouèrent les principaux rôles dans ces scandales publics et la malheureuse femme qui, sans trembler, osa faire cuire sur le feu sacrilège alimenté par le crucifix et les statues des saints des œufs qu'elle avait, disait-elle, trouvé délicieux, promena le reste de ses jours comme un squelette ambulant, un corps décharné et courbé presque jusqu'à terre dont tout le monde avait horreur.

Je dois rapporter aussi les faits suivants :

M. Laffeta, curé de Palluau, après avoir refusé le serment, trouva un asile assuré dans le domaine du Breuil où demeurait alors la famille Jenot. La veuve Margoux, née Jenot, morte ici le 4 novembre 1861 à l'âge de 76 ans, avait fait sa première communion dans la chambre du domaine où ce digne prêtre célébrait de temps en temps la sainte messe, au milieu de la nuit, en présence d'un petit nombre de personnes pieuses et privilégiées. Silvain Ranjon, gendre de Jenot, m'a souvent dit avoir conduit pendant la nuit ce vénérable confesseur soit à Saint-Gaultier chez Mme Godin, soit aux châteaux de Chabenet et de Celon où il disait aussi de temps en temps la messe.

Ce récit qui a toutes les marques de l'authenticité n'est ni confirmé ni contredit par les *Archives de Saint-Gaultier*. C'est pour nous la preuve que la police révolutionnaire de Saint-Gaultier s'exerçait avec beaucoup de réserve contre les prêtres réfractaires.

(1) La présence de M. Matheron à Thenay n'est pas signalée par les *Archives de Saint-Gaultier*.

NOTES SUR LE PETIT SÉMINAIRE DE SAINT-GAULTIER.

D'après le manuscrit de M. Renaudet qui est à la bibliothèque du grand séminaire; « l'ouverture du petit séminaire de Bourges, autorisé par lettres patentes de l'année 1730, eut lieu en 1732. Le nouvel établissement étant sans revenus, Mgr de la Rochefoucault y réunit successivement l'abbaye de Massay, les prieurés de Saint-Gaultier et de Saint-Martin; lui-même donnait de sa bourse 7 à 8.000 francs par an ».

Le registre de fondations de l'église de Saint-Gaultier porte que le décret de réunion du prieuré au séminaire de Bourges fut enregistré sous la date du 30 juillet 1734.

En 1740, un collège, de fondation probablement récente, existait déjà à Saint-Gaultier, car, sur une feuille détachée des archives paroissiales contenant la liste des curés et vicaires de cette ville, nous lisons les lignes suivantes:

« François Robert d'Argy, vicaire du dit Saint-Gaultier le 12 février 1740 et principal du collège, ensuite desservant de la dite paroisse depuis le 31 may 1741 jusqu'au 9 juillet 1743, et depuis ce temps curé de la dite paroisse jusqu'à ce qu'il plaise au seigneur de m'en retirer. »

Ce collège fut érigé en succursale du petit séminaire de Bourges en 1769 et devint dès lors le petit séminaire de Saint-Gaultier. Le curé, François Robert, le dirigea jusqu'en 1770, année de sa mort. On lui donna pour successeur, M. Badou, originaire d'Issoudun et Sulpicien.

M. Badou ayant été rappelé à Bourges en 1783 comme directeur du grand séminaire, M. Metenier, qui était son vicaire depuis 1771, lui succéda en qualité de curé de la paroisse et de supérieur du séminaire.

Pendant la Révolution, les bâtiments servirent tour à tour de maison d'école, de gendarmerie, de prison, de lieu de réunions publiques. Plusieurs chambres furent habitées par des locataires.

En 1817, le 4 juin, un décret royal mettait tous les bâtiments du prieuré à la disposition de l'archevêque pour l'installation du séminaire. L'ancien vicaire de Saint-Gaultier, M. Godin, qui avait été, après la Révolution, nommé curé de Cluis, en eut la direction.

Pendant le peu de temps qu'il en fut le supérieur, il fit construire le grand corps de bâtiment où sont installés les dortoirs.

Nommé vicaire général en 1825, chanoine titulaire en 1829, il mourut en 1833, le 18 février, quelques mois avant son ancien curé, M. Metenier.

Tous deux ont laissé dans la paroisse le profond souvenir de leurs hautes vertus. Ce sont deux gloires qui brillent du même éclat par l'auréole de confesseurs de la foi.

Châteauroux. — Typographie et stéréotypie A. Mellottée.

www.ingramcontent.com/pod-product-compliance
Ingram Content Group UK Ltd.
Pitfield, Milton Keynes, MK11 3LW, UK
UKHW021108200726
13857UKWH00003B/1136